Hans Rohrbach
Das anstößige Glaubensbekenntnis

Hans Rohrbach

Das anstößige Glaubensbekenntnis

Ein Naturwissenschaftler
zum christlichen Glaubensbekenntnis

BRUNNEN VERLAG GIESSEN/BASEL

ABCteam-Bücher erscheinen in folgenden Verlagen:
Aussaat- und Schriftenmissions-Verlag Neukirchen-Vluyn
R. Brockhaus Verlag Wuppertal
Brunnen Verlag und Brunnquell Verlag Gießen
Christliches Verlagshaus Stuttgart
Oncken Verlag Wuppertal

© 1987 Brunnen Verlag Gießen
Umschlagfoto: Bildagentur Schuster
(Pferdekopfnebel im Orion)
Umschlaggestaltung: Martin Künkler
Satz: Typostudio Rücker & Schmidt, Langgöns
Herstellung: Ebner Ulm
ISBN 3-7655-3304-1

Inhalt

Vorwort

Hiermit lege ich in geschlossener und überarbeiteter Form meine Beiträge als Naturwissenschaftler zum apostolischen Glaubensbekenntnis vor, die bisher vereinzelt an verschiedenen Stellen veröffentlicht waren und vergriffen sind. Nachdenklichen Menschen, die dem Glaubensbekenntnis gegenüber echte Fragen und Zweifel haben – ob sie an Jesus Christus glauben oder nicht –, hoffe ich, durch das Ausräumen von überflüssigen Denkschwierigkeiten Klärung und Hilfe zu geben.

Nicht nur das naive Weltbild, das fälschlicherweise vielfach noch als Weltbild der Bibel angesehen wird, läßt Fragen entstehen. Auch manche naive Vorstellungen über Geburt, Tod und Auferstehung Jesu erschweren ein rechtes Verständnis. Ich bin dem allem nachgegangen und habe versucht, von den biblischen Aussagen her einen neuen Zugang zum Glaubensbekenntnis zu gewinnen.

Entscheidend dafür sind zwei wesentliche Voraussetzungen. Einmal die Tatsache, daß die Bibel neben der sichtbaren Welt auch eine unsichtbare Welt kennt – das Nizänische Glaubensbekenntnis spricht beide an – und die Kenntnis des Unsichtbaren für das rechte Verständnis des Glaubens notwendig ist. Zum andern die neue Denkweise, die durch die exakte Naturwissenschaft in diesem Jahrhundert erarbeitet worden ist und die nach meiner Erfahrung außerordentlich zur Aufhellung biblischer Aussagen beitragen kann. Auf beide Voraussetzungen gehe ich in den ersten Kapiteln ausführlich ein.

Wie weit meine Darlegung eine Hilfe geben kann, muß ich dem Leser überlassen. Ich trage keine Lehrmeinung vor, sondern gebe eine persönliche Sicht und ein Bekenntnis. Und selbstverständlich erkenne ich auch für mich das Pauluswort an: „Unser Wissen ist Stückwerk." Doch je stärker Wissenschaften aller Art den biblisch fundierten Glauben als überholt oder gar als schädlich ansehen, um so notwendiger sind wissenschaftlich gediegene Antworten auf diese Angriffe.

Das gilt in gleicher Weise auch gegenüber den mannigfachen Heilserwartungen der Gegenwart, wie sie mit Esoterik, Reinkarnation und anderen Formen eines Ersatzglaubens des „New Age" den Glauben an den wahren Erlöser verdrängen wollen.

Dem Brunnen Verlag danke ich aufrichtig für die Bereitschaft, dieses Buch trotz mancher andersartigen Auslegung zu übernehmen.

Bischofsheim/Rhön, Mai 1986   Hans Rohrbach

Das sogenannte
Apostolische Glaubensbekenntnis

wie es von den beiden großen Konfessionen
gemeinsam formuliert wurde:

Ich glaube an Gott, den Vater,
den Allmächtigen,
den Schöpfer des Himmels und der Erde;

und an Jesus Christus,
seinen eingeborenen Sohn, unsern Herrn,
empfangen durch den Heiligen Geist,
geboren von der Jungfrau Maria,
gelitten unter Pontius Pilatus,
gekreuzigt, gestorben und begraben,
hinabgestiegen in das Reich des Todes,
am dritten Tage auferstanden von den Toten,
aufgefahren in den Himmel;
er sitzt zur Rechten Gottes, des allmächtigen Vaters,
von dort wird er kommen,
zu richten die Lebenden und die Toten.

Ich glaube an den Heiligen Geist,
die heilige christliche Kirche,
Gemeinschaft der Heiligen,
Vergebung der Sünden,
Auferstehung der Toten
und das ewige Leben.

1. Kapitel

Sinn und Ziel des Glaubensbekenntnisses

Das Glaubensbekenntnis bereitet unzähligen Gliedern in der Kirche und in den Gemeinden eine schwere, kaum tragbare Not. Viele sprechen diese Not auch ehrlich aus oder zeigen es in ihrem Verhalten, daß sie sich keineswegs an dieses Bekenntnis gebunden fühlen, daß ihr Glaube darin gar nicht zum Ausdruck kommt, daß sie nicht begreifen, was mit diesem Bekenntnis gemeint ist.

Aber mit dieser gewiß sehr großen Not berühren wir nur die Oberfläche. Die eigentliche Not liegt tiefer. Es wäre uns wahrhaftig wenig damit gedient, wenn wir intellektuell verstünden, was im Glaubensbekenntnis ausgedrückt wird, und wenn wir es theoretisch bejahen könnten, aber nicht einsehen könnten, was es mit *uns* zu tun hat, warum *wir* es brauchen, warum es uns in unserem praktischen Leben von heute betrifft.

Denn im Glaubensbekenntnis ist von dem die Rede, das uns alle zutiefst angeht, auch und gerade den modernen Menschen von heute. Es hat mit den persönlichen Nöten des einzelnen zu tun. Mit meinen Sorgen für mich selbst, für meine Familie, in meiner Familie, in meinem Beruf. Es hat aber ebenso zu tun mit den großen Fragen der Politik und der Wirtschaft, mit dem Zusammenleben der Völker und der Menschen untereinander. Es hat zu tun mit den unüberwundenen Spannungen zwischen Ost und West, mit der Zerschneidung unseres Vaterlandes, mit der Mauer in Berlin. Es hat auch zu tun mit der Sinnentleerung unseres Lebens; mit den Ansprüchen, die wir an das Leben stellen; mit der Lieblosigkeit, der wir überall begegnen; mit der Gottlosigkeit unserer Zeit, mit jeder Art von modernem Heidentum, mit den vielen Mißverständnissen über Tod und Sterben.

Hier will uns das Glaubensbekenntnis helfen und kann es uns helfen! Aber wie will es das tun? Es will uns alle Nöte und Schwierigkeiten des einzelnen und der Völker überwinden helfen, indem es uns zu der eigentlichen Wirklichkeit hinführt, von der es redet. Es will uns abziehen von dem Vordergründigen, von der gegenständlichen, sichtbaren Welt, die uns so gefangen nimmt, und uns vor Gottes Angesicht stellen. Es will, daß wir uns und unsere Lage so erkennen, wie er sie sieht, und es kann uns eben dadurch zurechtbringen. Es will und kann uns die Begegnung mit der eigentlichen Wirklichkeit vermitteln, in der Gott lebt. Denn es redet von gar nichts anderem als von dieser seiner Wirklichkeit. Es bezeichnet die Wirklichkeit Gottes als die *eigentliche,* die *wesentliche,* auf die es allein ankommt. Und es bekennt, daß die Wirklichkeit Gottes *erfahrbar* ist, daß es Menschen gegeben hat und gibt, die sie erfahren haben. Und es bezeugt, daß jeder von uns diese Wirklichkeit für sich erfahren kann. Davon redet das Glaubensbekenntnis.

Und die Frage an uns, an die Kirche, an die Gemeinde ist: Wissen wir das, glauben wir das, wagen wir das zu verkündigen? Wagen wir das gerade dem modernen Menschen zu sagen, der mit dem Glaubensbekenntnis nichts anfangen kann?

Damit wir dazu imstande sind, muß es uns in der Gemeinde zuallererst deutlich sein, was das Glaubensbekenntnis bedeutet. Mehr noch: Wir müssen selber erst die Hilfe in Anspruch genommen haben, die es uns geben will. Wir müssen selbst die Wirklichkeit Gottes erfahren haben, von der es redet und aus der die Hilfe kommt. Wie sollten wir sonst anderen das bezeugen und unseren Glauben bekennen können? Deshalb rede ich hier davon als einer, der sich zur Kirche zählt und sich an das Glaubensbekenntnis gebunden weiß.

Warum sprechen wir in der Gemeinde, im Gottesdienst das Glaubensbekenntnis? Für wen sprechen wir es? – Für Gott, zum Lobpreis Gottes! Es ist zu Gott hin gerichtet, nicht so sehr zu Menschen. Der Psalm 66 macht das deutlich. Er beginnt mit der Aufforderung: „Jauchzet Gott, alle Lande; lobsinget zur Ehre seines Namens, rühmt ihn herrlich. Sprecht zu Gott: Wie wunderbar sind deine Werke! Alles Land bete dich an und lobsinge dir, lobsinge deinem Namen."

Das ist es, was wir tun, wenn wir in der Gemeinde das Glaubensbekenntnis beten: Wir danken damit Gott und loben ihn über allem, was er an uns Menschen getan hat. Deshalb heißt es auch an der betreffenden Stelle in der Liturgie: „Lasset uns Gott das Lobopfer unserer Herzen darbringen!" Damit ist das Glaubensbekenntnis gemeint. Und dieses Lobopfer gilt dem Dreieinigen Gott: Gott, dem Vater, Gott, dem Sohne, Gott, dem Heiligen Geist.

Die großen Taten Gottes sind es, die wir preisen; die immer gepriesen und besungen werden sollen in der Gemeinde. „Jauchzet Gott, alle Lande, lobsinget seinem Namen."

Und erst am Schluß des Psalms 66 heißt es dann auch: „Kommt her, hört zu, alle, die ihr Gott fürchtet; ich will erzählen, was er an mir getan hat." Dann erst, nachdem der Lobpreis Gottes zu ihm hin erklungen ist, nachdem vor ihm seine großen Taten gerühmt sind, dann erst sollen wir auch Menschen davon erzählen, was er an uns getan hat. Erst in zweiter Linie ist das Glaubensbekenntnis an Menschen gerichtet. Und es gilt, wie es hier heißt, den Menschen, die Gott fürchten.

Hier aber liegt nun die Schwierigkeit, wenn wir zu Menschen vom Glaubensbekenntnis reden wollen. Durch die ganze Geschichte der Christenheit hindurch ist es ein, menschlich gesehen, aussichtsloses Unterfangen, von dieser Wirklichkeit, in der Gott lebt – Gott lebt in einem Licht, zu dem niemand kommen kann (1. Tim. 6,16) –, von dieser Wirklichkeit zu Menschen zu reden, die ihr noch nicht begegnet sind. Da liegt die Schwierigkeit. Das Glaubensbekenntnis ist – soweit es sich an Menschen richtet – der unmögliche Versuch, dem Blinden von der Farbe zu reden oder einen Menschen, der Illusionen nachjagt, weise und verständig zu machen. Wir können nur darum beten, daß Gott uns beistehe, wenn wir einem anderen unsern Glauben bekennen, und er es uns dann schenke, so zu bekennen, daß dem andern das Tor zu der eigentlichen Wirklichkeit aufgetan wird, zu dieser Wirklichkeit, die den Menschen zwar erschüttert, aber auch tröstet.

Nicht erst seit heute gibt es die Schwierigkeit, den Glauben in der rechten Weise zu bekennen. Sie hat in der ganzen Geschichte der Christenheit bestanden, weil es so wenig Menschen gibt, die der Wirklichkeit Gottes begegnen *wollen*. Aber hier haben wir nun die Verheißung Gottes auf unserer Seite. Er hilft dabei. Denn neben dem äußeren Lebenslauf eines Menschen, den man biographisch festhalten kann, gibt es auch eine heimliche, innere Geschichte des Menschen, die sich in der Berührung mit der Wirklichkeit Gottes ereignet.

Diese unsere heimliche Geschichte mit Gott verschweigen wir gern oder wehren sie ab. Und dann erfahren wir: „Als ich es wollte verschweigen, verschmachteten meine Gebeine durch mein tägliches Klagen. Denn deine Hand lag Tag und Nacht schwer auf mir, daß mein Saft vertrocknete, wie es im Sommer dürre wird" (Ps. 32,3.4).

Wir tragen als Menschen ein „Organ" in uns, durch das Gott zu uns reden kann. Die Bibel nennt es das „Herz". Aber es ist meist ein unbrauchbar gewordenes, ein verhärtetes Organ. Das Gewissen ist der letzte Rest dieses Organs, das Gott in uns angelegt hat zum Empfang seines Wortes. Aber wer hört darauf? Wer weiß überhaupt davon und versteht es? Das Gewissen ist bei den meisten Menschen recht schwach. Es nimmt das Reden Gottes kaum noch wahr. Es will es oft gar nicht hören, es wehrt es immer wieder ab. Gott muß es wecken, muß rufen und mahnen.

Und das tut er, Gott sei Dank! Er tut es, indem er uns stört, indem er uns beunruhigt, indem er uns erschüttert. In allem Leid, in jedem Unglück haben wir das Positive zu suchen, das, was Gott uns dadurch sagen will.

Die Not, die vielen Menschen gerade das Glaubensbekenntnis macht, besteht nicht so sehr in intellektuellen, verstandesmäßigen Schwierigkeiten; diese werden im allgemeinen nur vorgeschoben, liegen an der Oberfläche. Die eigentliche Frage ist, ob wir bereit sind, uns von Gott stören, von Gott stellen zu lassen. Oder ob wir weiter ausweichen wollen.

Deshalb muß allen Versuchen der Entmythologisierung des Glaubensbekenntnisses, allen Versuchen einer modernen Interpretation entschieden entgegengetreten werden. Denn jeder solche Versuch vernebelt Gottes Wirklichkeit, läßt sein Eingreifen zweifelhaft oder gar unmöglich erscheinen und hindert Gott, Menschen zu stören, Menschen zu beunruhigen. Jeder solche Versuch hindert Menschen, zu Gott zu finden. Gott sei Dank, er stört uns immer wieder, er beunruhigt uns immer wieder!

Hier sind wir nun an dem Punkt, wo die heimliche Geschichte des Menschen mit Gott und das Glaubensbekenntnis sich berühren. Die Störung, die Gott uns schickt, sieht oft so aus, daß uns ein anderer seinen Glauben bekennt, seinen Glauben an Jesus Christus bezeugt. Und darauf ruht die Verheißung, daß, wenn solches geschieht, Gott durch seinen Heiligen Geist an uns wirkt und uns zur Einsicht und Umkehr bringt. Ist das durch ihn geschehen, hat sich unser Glaube am Glauben eines anderen entzündet, so treten von selbst die verstandesmäßigen Probleme zurück. Sie werden zu Fragen geringerer Ordnung, die nun vom Glauben her angegangen werden können und sollen. Auch das gehört zur Aufgabe der Verkündigung. In dieser Richtung, Glaubenshindernisse wie Steine hinwegzuräumen, sehe ich insbesondere für mich selbst einen Auftrag.

Deshalb möchte ich an dieser Stelle ein persönliches Erlebnis berichten. Ich selbst bin durch ein Zeugnis von der Art, wie ich es eben schilderte, von Gott getroffen worden.

Es war vor dem Zweiten Weltkrieg. Wir wohnten in Berlin, und meine Frau besuchte die Bibelstunden, die von Schwester Sigrid zu Eulenburg für unsere Gemeinde gehalten wurden. Meine Frau glaubte damals noch nicht, doch ging sie regelmäßig hin. Sie war nämlich schon unruhig gemacht worden. Wodurch? Durch unsere Kinder. Jeder, der Kinder hat oder gehabt hat, weiß, was und wie Kinder fragen können, wenn das

Interesse wach wird. Sie beobachten, hören in der Schule davon, denken nach und kommen mit ihren Fragen. Und was tun wir Eltern dann? Wir weichen aus: „Damit mußt du zum Religionslehrer gehen; danach frag den Pfarrer im Konfirmandenunterricht, ich weiß es nicht."

So wurde auch meine Frau beunruhigt durch Fragen unserer Ältesten. Und so ging sie zur Bibelstunde, weil sie selbst lernen wollte, erst einmal für sich eine Antwort suchte, um dann auch dem Kinde antworten zu können. Und sie lernte viel dabei, aber – doch das sei nur nebenbei hier angemerkt – sie machte auch die Erfahrung, wie schwer es ist, als Außenseiter in einem Bibelkreis heimisch zu werden. Ich sage das nur zum Trost für viele, die eine ähnliche Erfahrung machen. Man lasse sich dadurch nicht abschrecken, wenn man fremd in einen solchen Kreis hineinkommt und spürt, wie die andern schon viel weiter sind und alle klug daherreden und man selber stumm dabeisitzt. Man bleibe dabei, es lohnt sich! Gott arbeitet an jedem, der willig ist, auf sein Wort zu hören. So ging es jedenfalls meiner Frau. Und als ich sie einmal von jenem Bibelkreis abholte, da sagte sie zu mir – und es erschien mir wie eine beiläufige Bemerkung, sie selber glaubte es noch nicht –: „Du, die glauben, daß Jesus Gottes Sohn ist!"

Und bereits dieses *indirekte* Zeugnis traf mich! Ich fühlte einen schmerzhaften Stich in meinem Innersten, den ich wie einen körperlichen Schmerz empfand. Von heute aus kann ich rückblickend erkennen, was damals geschah, was damals anfing: Gott hatte bei mir zu jener Operation angesetzt, die er in Hesekiel 36 uns allen verheißen hat. „Ich werde euch ein neues Herz geben und einen neuen Geist in euer Inneres legen. Ich werde das steinerne Herz aus euerm Leibe herausnehmen und euch ein fleischernes (d.h. ein lebendiges) Herz geben. Meinen Geist werde ich in euer Inneres legen und machen, daß ihr in meinen Satzungen wandelt und meine Gesetze treulich erfüllt" (Hes. 36,26-27, Zürcher Übersetzung).

Diese Herzplantation, mit der das verhärtete, unbrauchbare Organ in uns, das das Wort Gottes nicht mehr aufnehmen kann, herausgenommen und ein neues, gewandeltes, lebendiges Herz in uns hineingelegt wird, hat Gott damals bei mir eingeleitet.

Es dauerte dann noch einige Jahre, bis ich es begriffen hatte und mich ihm ganz anvertraut habe. Ich mußte erst lernen, daß es auf eine völlige Hingabe an diesen Herrn ankommt, der uns mit den Worten zu sich ruft: „Ich bin der Herr, dein Arzt" (2. Mose 15,26).

Noch heute bin ich bei ihm in Behandlung; man denke nicht, daß ich entlassen sei noch je entlassen werde. Ich will bis zum Ende meines Lebens bei ihm bleiben, auf daß alle Schäden in und an mir geheilt werden. Angefangen aber hat es damals, als mich das Zeugnis von Menschen erreichte, die von sich aus das Glaubensbekenntnis bezeugen konnten.

2. Kapitel

Die entscheidende Wirklichkeit

Als erstes ist zu erkennen und einzusehen, daß das Glaubensbekenntnis nicht von dem naiven Weltbild abhängt. Manche Formulierung von einem Oben und einem Unten scheint von der Vorstellung eines stockwerkmäßigen Übereinanders von Himmel, Erde und Hölle geprägt zu sein. Das darf uns nicht verwundern, denn als das Glaubensbekenntnis formuliert wurde, lebten die Menschen im naiven Weltbild. Dennoch ist es nicht, wie oft behauptet wird, das biblische Weltbild.

Die naive Sicht genügte, solange die Menschen in dem alten Weltbild lebten. Als dieses aber durch die Naturwissenschaft zerstört wurde, hätte eine nüchterne Überlegung Platz greifen sollen: Der Gott, der die Welt geschaffen hat, weiß doch gewiß, wie seine Welt aussieht. Und er gibt in seinem Wort kein Weltbild als wahr an, das durch menschliche Erkenntnis widerlegt werden konnte. Daher muß die naive Vorstellung von den drei Stockwerken Himmel, Erde und Hölle falsch gewesen sein, auch wenn sie jahrhundertelang so als Weltbild der Bibel geglaubt worden ist. In den Anfängen der Christenheit lebte man in dieser Vorstellung – wir hätten sie damals ebenfalls gehabt –, und man formulierte auch von da her. Im Grunde aber führte das zu einer unheilvollen Abhängigkeit vom naiven Weltbild. Denn mit dessen Zerstörung ging für viele Menschen die (vermeintliche) Grundlage ihres Glaubens verloren.

Gott hat aber nicht nur das naive Weltbild, sondern

auch das an seine Stelle getretene naturwissenschaftliche Weltbild zerstören lassen, ebenfalls durch die Naturwissenschaft. Dieses Handeln Gottes an den Weltbildern sollte fragende Menschen dazu führen, sich von allen auf menschlicher Weisheit beruhenden Vorstellungen loszusagen und die Bibel als das offenbarte Wort Gottes nach ihrer Sicht von der Wirklichkeit um uns zu befragen.

Bei einem solchen Vorgehen hat man natürlich den geschichtlich gewordenen Sachverhalt zu beachten, der jetzt bei den biblischen Aussagen vorliegt. Es sind da zunächst drei Schichten zu unterscheiden und dann die geeigneten Hilfsmittel zu ihrer Erfassung zu suchen.

Als erste Schicht haben wir den biblischen Grundbestand, wie er im Zeugnis der Bibel gegeben ist, nach bester Auswertung aller vorhandenen Texte für die biblischen Bücher. Darüber lagert als zweite Schicht die dogmatische Durchformung entscheidender Glaubensaussagen, wie sie sich in der Verkündigung der ersten Christengemeinden und in der Formulierung ihrer Glaubensbekenntnisse erweist. Über diesen beiden liegt als dritte Schicht die denkmäßige Durchdringung der beiden unteren Schichten, vor allem die der dogmatischen Formulierung und ihrer inhaltlichen Bedeutung.

Für mich ist die Bibel geoffenbartes Wort Gottes. Ich verstehe sie als Zeugnis von seinem Reden, zuerst zu den Propheten, zuletzt durch seinen Sohn. Deshalb halte ich für die denkmäßige Durchdringung dem Worte Gottes gegenüber die Erneuerung der Sinne für unabdingbar, insbesondere die der Vernunft und des Denkens. Das bewirkt allein der Heilige Geist. Nur er kann in alle Wahrheit leiten. Dieser Geist ist es auch, der die erste Schicht legte, die Einbindung göttlicher Offenbarung in eine menschliche Sprache. Er ist es, der bei der zweiten

Schicht mitwirkte, bei der dogmatischen Formulierung von Glaubensaussagen. Und er ist es, der jederzeit die dritte Schicht mitgestalten will, die denkmäßige Durchdringung, die ohne ihn nicht richtig gelingen kann.

Als Naturwissenschaftler bringe ich eine Erfahrung im Denken mit, die von der Forschung exakter Naturwissenschaften im jetzigen Jahrhundert geprägt ist. Sie hat beim Vordringen in das Gebiet der Mikrophysik das „komplementäre" Denken entwickelt, das nach meiner Erkenntnis für die denkmäßige Durchdringung auch biblischer Aussagen dem geisteswissenschaftlichen Denken mit den Normen der diskursiven Logik weit überlegen ist.

Das komplementäre Denken orientiert sich

a) an dem Sachverhalt der *Komplementarität,* daß also jedem physikalischen Vorgang bzw. Phänomen zwei Eigenschaften bzw. Seinsweisen zuzuordnen sind, die sich ergänzen, indem sie sich ausschließen, d.h. diskursiv logisch: sich widersprechen, und

b) an dem Sachverhalt der *Nichtobjektivierbarkeit,* daß eine physikalische Aussage nicht objektiviert, d.h. vom Beobachtungszusammenhang nicht abgelöst werden darf. Das führt zu einer Widerspruchsfreiheit zeitabhängiger Aussagen, während die diskursive Logik nur zeitlose Widersprüche kennt und verwirft.

Selbstverständlich geht es bei dem Handeln und Reden Gottes aus dem Unsichtbaren in das Sichtbare hinein, abgesehen von den von ihm gewirkten Wundern, nicht um naturwissenschaftliche, sondern um historische Zusammenhänge. Aber die komplementäre Denkweise ist unabhängig von der Art des Geschehens und auf geschichtliche Vorgänge übertragbar. Mit dem Begriff der Komplementarität trennen wir uns vom *alter-*

nativen Denken im „Entweder-Oder", mit dem Begriff der Nichtobjektivierbarkeit vom *verabsolutierenden* Denken.

Die dritte bahnbrechende Erkenntnis der modernen Physik ist die Tatsache der *Kontingenz* im Naturgeschehen, daß es also Ereignisse gibt, die nicht von Früherem ableitbar sind, und vermutlich alles Geschehen auf kontingente Ereignisse zurückgeführt werden kann. Damit trennen wir uns vom *determinierenden* Denken.[2]

Mit alledem gibt die heutige Naturwissenschaft dem fragenden Menschen kein Weltbild mehr, sondern nur ein *Naturbild,* d.h. eine sachgemäße Beschreibung dessen, was beobachtet wird, ohne jede Wertung oder Deutung. Es kennt seine Grenzen und läßt dem einzelnen, der danach verlangt, die Freiheit, vom Naturbild her *sein persönliches Weltbild* zu gewinnen, d.h. eine weltanschauliche oder philosophische oder ideologische oder glaubensmäßige Gesamtschau, die dem wissenschaftlich erkannten Naturbild nicht widerspricht.

Hält man sich an die Bibel, so wird man bald inne werden, daß sie nicht nur eine, sondern zwei Wirklichkeiten bezeugt: das Sichtbare und das Unsichtbare. Diese ihre Schau (2. Kor. 4,18; Hebr. 11,3; Kol. 1,15-16) umfaßt die gesamte Wirklichkeit, mit der es der Mensch zu tun hat, die ihn unbedingt angeht und von der er also wissen sollte. Sie ist es auch, von der das Glaubensbekenntnis spricht.

Die *sichtbare Wirklichkeit* ist die Welt des Menschen, in die hinein er geboren wird, in der er lebt und arbeitet, die er erforscht und sich nutzbar macht, die er verwaltet und zu beherrschen sucht, die er aber auch wieder verlassen muß.

Das *Unsichtbare* ist die Welt Gottes, ist die Wirklichkeit, in der der Mensch als ein Gedanke Gottes entsteht (Ps. 139,15-16), von der er abhängig ist, vor der er sich zu bewähren hat und in die er zurückgerufen wird, weil er sich dort für sein Leben im Sichtbaren zu verantworten hat (Offb. 20,12).

„Sichtbar" im Sinne des biblischen Zeugnisses ist alles, was durch menschliches Bemühen erkennbar ist, sei es mit den scharfsinnigsten Überlegungen des menschlichen Verstandes, sei es mit den leistungsfähigsten Instrumenten von Naturwissenschaft und Technik, sei es zurück in die tiefste Vergangenheit, sei es nach vorn in die Zukunft, also alles rational Erfaßbare, alles Raumzeitliche.

Demgegenüber ist „unsichtbar" alles andersartige Sein, das Überraumzeitliche, das Transwissenschaftliche, das nie durch menschliche Bemühungen und Fähigkeiten erkannt worden ist noch je erkannt werden wird. Vom Unsichtbaren wissen wir nur dadurch, daß dem Menschen von dort her Kunde gegeben wurde, d.h. durch Offenbarung, durch Selbstmitteilung Gottes oder von Mächten und Gewalten aus dem Unsichtbaren in das Sichtbare hinein.

Die unsichtbare Wirklichkeit wird im Apostolischen Glaubensbekenntnis, dessen Aussagen ich hier zugrundelege, ohne weiteres als bekannt vorausgesetzt. Im Nizänischen Glaubensbekenntnis werden beide Wirklichkeiten ausdrücklich genannt: Wir glauben an den einen Gott, den Vater, den Allmächtigen, der alles geschaffen hat, Himmel und Erde, die sichtbare und die unsichtbare Welt.

Offenbarungen Gottes, wie sie uns die Bibel bezeugt, können nur nach und nach und nie in vollem Umfang erkannt oder verstanden werden. Manche Worte und Aussagen der Bibel sind dunkel für uns und bleiben es auch (1. Kor. 13,12). Aber die Erkenntnis wächst unter der Wirkung des Heiligen Geistes. Sie wächst auch mit der geschichtlichen Erfahrung. Denn auch in ihr wirkt Gottes Geist, wie es besonders in der Geschichte des Volkes Israel deutlich wird. Auch wissenschaftliche Erfahrung kann dazu dienen. Denn der Verstand, mit dem sie gewonnen wird, ist eine Gabe Gottes. Jedoch bedarf es beim Durchdenken biblischer Aussagen der Ehrfurcht vor der Offenbarung, die Gott gegeben hat, und ebenso der Achtung vor den Menschen, den Propheten und Aposteln, denen er sie gegeben hat. Denn sie waren dazu von Gott erwählt, und er hat sie zu rechten Haushaltern über seine Geheimnisse gesetzt.

In dieser Haltung gehe ich an die in der Bibel überlieferten Berichte heran und befrage sie nach ihrer Sicht von der Gesamtwirklichkeit, wie sie der Offenbarung zugrundeliegt, nicht den mitunter weltbildmäßig beeinflußten Übersetzungen.

Die Beziehung, in der die beiden bezeugten Wirklichkeiten, das Sichtbare und das Unsichtbare, zueinander stehen, erweist sich als ein eigentümliches *Ineinander*. Es geht weder um ein Übereinander wie bei Stockwerken noch um ein Umeinander wie bei Kern und Schale, sondern um ein Ineinander wie ein gegenseitiges Sichdurchdringen. Das ist völlig unanschaulich und vom natürlichen Verstand unbegreifbar, aber im Glauben erfaßbar. Das komplementäre Denken erweist sich dazu als die angemessene Denkweise.

Um das deutlich zu machen, gebe ich zu dem Ineinander von Sichtbarem und Unsichtbarem zwei wichtige Konsequenzen für das Verständnis biblischer Aussagen an:

Zum einen sind für Begriffe und Ereignisse in den verschiedenen Wirklichkeiten unterschiedliche Ausdrucksweisen notwendig. Im Sichtbaren kommen wir mit der menschlichen Sprache aus. Für das Unsichtbare aber haben wir keine angemessene Ausdrucksweise. Deshalb verwendete auch Jesus Gleichnisse und Gleichnisworte, wenn er vom Unsichtbaren sprach. Auch wir sollten bedenken: Um von der unsichtbaren Wirklichkeit in rechter Weise reden zu können, bedarf es der bildhaften Denkform und Sprache. Diese begegnen uns in der Bibel in der richtigen Form. Sobald man aber meint, es gäbe keine andere Wirklichkeit außer dem Sichtbaren, wird die bildhafte Rede inhaltslos, werden die großen Taten Gottes zu Fabeln oder Legenden. Beginnt man dann, die Bibel von ihrer angeblich mythischen Sprache zu befreien, so nimmt man dem Menschen die Möglichkeit, seine Welt richtig zu verstehen.

W. Stählin sagt dazu: „Indem die Wissenschaft uns denjenigen Teil der Welt, der der rationalen Forschung zugänglich ist, als die ganze Wirklichkeit vortäuscht, betrügt sie uns um die ganze Wahrheit. Und indem der Mythos uns in seinen Bildern die Fülle jener Wirklichkeit vor Augen stellt, in die wir selber verflochten sind, weitet er unseren Blick über die Grenzen der ratio hinaus auf die größere und umfassendere Wirklichkeit."[1] Damit weist Stählin auf die Gesamtwirklichkeit aus Sichtbarem und Unsichtbarem hin.

Zum andern hat man zu beachten: Jedes Geschehen ereignet sich in *beiden* Wirklichkeiten zugleich. Weil beide sich durchdringen, läßt jeder Vorgang zwei Aspekte zu. Im Sichtbaren, das aus Materie, Raum und Zeit sich zusammensetzt, erweist er sich als ein Ablauf in Raum und Zeit, also als ein Werden, als ein Sichentwickeln. Im

Unsichtbaren, das Materie und daher Raum und Zeit unserer Erfahrung nicht kennt, sondern nur Pneuma und ständige Gegenwart, hat derselbe Vorgang einen zeitlosen Charakter, ist ein zeitloses Setzen und Handeln Gottes.

Diese doppelte Sicht ist für das Verstehen biblischer Berichte entscheidend. Es geht stets um einen Ablauf, um ein Werden in Raum und Zeit, und zugleich um ein Gesetztsein, um ein Handeln Gottes, frei von Raum und Zeit. Das ist bereits beim Schöpfungsbericht der Bibel zu erkennen, der mit den Worten schließt: So sind Himmel und Erde geworden, als sie geschaffen wurden (1. Mose 2,4a). Beides gilt: Geworden *und* geschaffen, insbesondere auch für den Menschen. Es geht nicht um ein Entweder-Oder.

Das Ineinander der beiden Wirklichkeiten bedingt auch, daß jeder Mensch – ob er es weiß und wahrhaben will oder nicht – in beiden Wirklichkeiten zugleich lebt. Allerdings ist es nur ein glaubender Mensch, der es erahnen und empfinden kann (Apg. 17,27-28).

Dieses unanschauliche Ineinander von Sichtbarem und Unsichtbarem ist die entscheidende Wirklichkeit, von der her das Glaubensbekenntnis redet und vor die es uns stellen will. Das Unsichtbare gliedert sich in das Reich des Lichtes, den Himmel, und das Reich der Finsternis, darin die Hölle. Auf Näheres wird in den nachfolgenden Kapiteln bei Bedarf eingegangen.

3. Kapitel

Gott der Vater

3.1 Gott der Allmächtige

Viele Christen meinen, der erste Artikel im Glaubensbekenntnis sei der einzige, der ihnen wenig Schwierigkeiten macht. An Gott zu glauben, sagt man, wäre nicht schwer, das täte schließlich jeder. Aber glauben wir an den wahren Gott? Machen wir uns nicht oft einen Gott nach unserem Geschmack zurecht? Ist unser „Glauben" mehr als ein „Fürwahrhalten", daß es einen Gott gibt? Ist unser Glaube wirklich Vertrauen zu Gott? Geben wir *dem* Gott, der allein Gott ist, die Ehre?

Wir bekennen im Glaubensbekenntnis als erstes: „Ich glaube an Gott, den Allmächtigen." Was heißt hier „der Allmächtige"? Es ist einer der vielen Namen Gottes, die uns die Bibel nennt, mit denen er sich Menschen offenbart hat. Er kommt nicht häufig in der Bibel vor. Es sind praktisch nur drei ihrer Bücher, in denen wir diesen Namen Gottes mehrfach finden.

Da ist zunächst das erste Buch Mose, in dem dieser Name häufig genannt wird. In 1. Mose 17,1-2 offenbart sich Gott dem Abraham mit den Worten: „Ich bin der allmächtige Gott; wandle vor mir, dann wirst du unsträflich sein. Und ich will einen Bund stiften zwischen mir und dir und will dich über alle Maßen mehren."

Dies ist überhaupt das erste Mal (in der Überlieferung), daß Gott sich so offenbart: „Ich bin der allmächtige Gott." Später haben Abraham, Isaak und Jakob öfter eine solche Offenbarung erhalten; sie haben sich und ihre Söhne auch gern mit dem Namen des Allmächtigen gesegnet (1. Mose 28,3; 35,11; 43,14; 48,3; 49,25).

Im zweiten Buch Mose, als Gott sich Mose offenbart, nennt er ihm einen anderen Namen. In 2. Mose 6,2.3 heißt es: „Da redete Gott mit Mose und sprach zu ihm: Ich bin der Herr. Ich bin dem Abraham, Isaak und Jakob erschienen als der allmächtige Gott; aber unter meinem Namen ‚Herr' habe ich mich ihnen nicht offenbart." Die Zürcher Bibel läßt hier das hebräische Wort „Jahwe" unübersetzt. Es kann mit „Ich bin" übersetzt werden.

Das zweite Buch der Bibel, in dem der Name „der Allmächtige" mehrfach genannt wird, ist das Buch Hiob. Wir hören von den Züchtigungen, die Hiob vom Allmächtigen erfährt (Hiob 5,17), von den Pfeilen des Allmächtigen, die in ihm stecken (Hiob 6,4), von dem Erschrecken und von der Betrübnis, die der Allmächtige ihm verursacht (Hiob 23,16; 27,2). Und auch seine Freunde, die ihn trösten wollen, reden häufig vom „Allmächtigen". Schließlich offenbart sich Gott selber dem Hiob mit den Worten: „Will der Tadler mit dem Allmächtigen rechten?" (Hiob 40,2).

Aus den Psalmen ist uns allen eine hierher gehörende Stelle bekannt: „Wer unter dem Schirm des Höchsten wohnt, wer unter dem Schatten des Allmächtigen ruht, der darf sprechen zum Herrn: Meine Zuflucht, meine Feste, mein Gott, auf den ich vertraue" (Ps. 91,1-2). Paulus gebraucht den Namen nur ein einziges Mal im 2. Korintherbrief (6,18), als er ein Zitat aus dem Alten Testament bringt.

Als drittes Buch der Bibel enthält dann das Buch der Offenbarung den Namen „der Allmächtige" häufig. Dort geht es in erster Linie um die Anbetung Gottes.

Der Herr offenbart sich dem Seher Johannes mit den Worten: „Ich bin das A und das O, sagt Gott der Herr, der ist und der war und der kommt, der Allmächtige." Der auf dem Thron wird von den vier Wesen angebetet: „Heilig, heilig, heilig ist der Herr, der allmächtige Gott, der war und der ist und der kommt" (Offb. 4,8). Vgl. auch Offb. 15,3; 16,14; 19,6; 19,15; 21,22. Hiervon sei nur der Lobpreis der versammelten Gemeinde angeführt: „Halleluja, denn der Herr, unser Gott, der Allmächtige, hat die Herrschaft angetreten" (Offb. 19,6).

Wir sehen also, daß dieser Name Gottes in der Bibel nicht sehr häufig vorkommt. Was aber alle diese Stellen zeigen, ist, daß wir Gott unter dem Namen „der Allmächtige" als den Herrscher verstehen sollen. Es geht bei der Allmacht Gottes um seine Macht als Herrscher. Er ist es, der alles regiert, alles lenkt. Daß und wie er es tut, ist für die meisten Menschen, die an Gott glauben, unbegreiflich. Aber Gott „hat uns wissen lassen das Geheimnis seines Willens nach seinem Ratschluß, den er zuvor in Christus gefaßt hatte" und hat es Paulus gegeben, „ans Licht zu bringen, wie Gott seinen geheimen Ratschluß ausführt, der von Weltzeiten her verborgen war in ihm, der alle Dinge geschaffen hat... Diesen ewigen Vorsatz hat Gott ausgeführt in Christus Jesus, unserm Herrn" (Eph. 1,9; 3,9-11).

So ist der Weg Gottes mit der Menschheit allein an seinem Handeln an Jesus zu erkennen, an dessen Leiden und Sterben, seiner Auferstehung und Erhöhung zur Rechten Gottes und seiner Wiederkunft zum Gericht. Um dieses uns offenbarten Weges willen ist Gott der Herr der Geschichte, dem allein die Ehre gebührt und der allein heilig ist. Er ist es, der sich deshalb Menschen erwählt, der einen Bund mit ihnen schließt, der Gehorsam von ihnen fordert, sie in die Bewährung stellt durch Anfechtungen (wie etwa bei Hiob), der das Gericht an ihnen vollzieht und schließlich das Reich aufrichtet, in dem Gerechtigkeit und Friede herrschen und das niemals ein Ende haben wird. Herr aller Herren, König aller Könige, der da war, der da ist und der da kommt, der Allmächtige!

Erst in zweiter Linie geht es bei der Allmacht Gottes um seine Kraft, um sein Vermögen, sein Können. Wir Menschen haben manchmal merkwürdige Vorstellungen von Gott. Wir meinen, der Satz „Gott ist allmächtig" bedeute dasselbe wie „Gott kann alles". Wir denken bei seiner Allmacht wohl deshalb mehr an sein Können, weil wir von diesem viel lieber Gebrauch machen, als daß wir ihm die Ehre als Herrscher geben. Seine Hilfe in der Not erbitten wir gern; daß wir ihn anbeten, fällt uns viel schwerer. Für die Heilige Schrift ist das entscheidende in der Allmacht Gottes seine Herrschermacht, sein Herrsein, erst in zweiter Linie kommt seine Kraft, die alles vermag.

Aber auch der Satz „Gott kann alles" muß richtig verstanden werden. Gewiß, Gott kann, bei Gott ist kein Ding unmöglich (1. Mose 18,14; Jer. 32,17; Matth. 19,26; Luk. 1,37; Röm. 8,3). Das ist richtig. Und doch ist die einfache Formulierung: „Gott kann alles" falsch. Gott „kann" manches nicht. Er kann zum Beispiel nicht sündigen. Er kann kein Unrecht tun. Er kann nicht untreu sein. Er kann nicht unwahrhaftig sein. Er kann sein Wort nicht brechen. Er kann manches nicht, was wir können und was wir alle Tage tun. Alles, was er sinnt, was er spricht, was er tut, ist richtig, ist gut, ist gerecht, auch seine Gerichte. Wir Menschen empfinden es häufig anders. Wir sind meist mit seiner Art der Gerechtigkeit nicht einverstanden. Wir messen ihn mit unseren Maßstäben. Aber das geht nicht. Wir müssen ihm einfach darin die Ehre geben: Er *ist* gerecht (5. Mose 32,4; Ps. 11,7; Ps. 145,17; Jes. 45,21; Offb. 16,7; 19,2). Gott ist es, der die Maßstäbe setzt. Wir müssen lernen, unsere Maßstäbe zu zerbrechen, wenn wir über Gott etwas aussagen wollen. Wir müssen lernen, von ihm her auf uns zu zu denken, nicht von uns weg auf ihn hin. Diese Umkehr im Denken ist nötig, damit wir seine Maßstäbe von *ihm* her, von *seiner* Heiligkeit, *seiner* Gerechtigkeit, *seiner* Treue her erkennen. Denn er steht immer zu seinem Wort. Alle seine Verheißungen, alle seine Mahnungen, alle seine Gerichtsandrohungen sind Ja und Amen.

In diesem Zusammenhang möchte ich eine Fangfrage aufgreifen. Man hat sie oft gestellt. Soviel ich weiß, geht sie auf scholastische Spitzfindigkeit zurück. Sie erinnert an Fragen, mit denen Jesus durch Pharisäer, Sadduzäer und Schriftgelehrte versucht worden ist. Sie lautet: „Wenn Gott alles kann, kann er dann einen Stein machen, der so schwer ist, daß er ihn selber nicht heben kann?"

Das ist eine typische Fangfrage. In ihr wird das Wort „Gott ist allmächtig" tatsächlich mißbraucht. Man möchte mit ihr einen Widerspruch konstruieren, der darlegen soll, daß Gott gar nicht alles könne. Aber in dieser Frage steckt ein logischer Fehler! Im ersten Teil der Frage („Kann Gott einen sehr schweren Stein machen?") bezieht sich das „kann" auf Gottes Schöpferkraft, und da trifft es zu. Gewiß kann Gott einen beliebig schweren Stein schaffen. Er hat das ganze Weltall geschaffen, und dessen Gewicht ist unvorstellbar groß. Aber im zweiten Teil der Frage („Kann Gott diesen schweren Stein heben?") bezieht sich das Wort „kann" auf menschliche Muskelkraft oder ein physikalisches Äquivalent dazu. Man vergleicht hier also zwei verschiedene Kräfte miteinander. Gottes Schöpferkraft mit einer mechanischen oder anderen physikalischen Hubkraft. Dadurch allein kommt der gewünschte Widerspruch zustande.

Der scheinbare Inhalt der Fangfrage ergibt sich hier, wie auch in anderen Fällen, dadurch, daß man Gott menschliche Eigenschaften beilegt. Damit betrügen wir uns nur. Gott bedarf überhaupt keiner natürlichen Kraft, um etwas zu tun. Wenn Gott einen solchen Stein heben wollte, würde er ihm gebieten: „Hebe dich hinweg!" Gottes Kraft ist sein Wort. Man denke etwa daran, daß Jesus seinen Jüngern sagt: „Wenn ihr Glauben habt, auch nur so groß wie ein Senfkorn, so könnt ihr zu diesem Berge sprechen: Hebe dich dorthin! So wird er sich heben" (Matth. 17,20; 21,21).

Das ist die Art und Weise, wie Gott wirkt. Er hat durch sein Wort das ganze Weltall geschaffen, das unvorstellbar viel schwerer ist als ein simpler Stein, und er wird es durch sein Wort auch wieder ins Nichtsein zurückrufen, wie er es durch sein Wort aus dem Nichtsein hat werden lassen (Röm. 4,17). Himmel und Erde werden vergehen (Matth. 24,35). Alles tut Gott durch sein Wort, nichts ist ihm zu schwer.

Für manche Menschen ist das Böse in der Welt Anlaß, an Gottes Allmacht zu zweifeln. Warum hat Gott den Menschen nicht von vornherein gut geschaffen? Dann hätte er sich, so meint man, viel Arbeit gespart. Der Sündenfall wäre nicht geschehen. Das Erlösungswerk brauchte nicht in Gang gesetzt zu werden. Dann wären wir von vornherein so gut wie die Engel, und Gott hätte nur Freude an uns. Warum also hat er uns nicht gleich gut geschaffen? Hat er das nicht gekonnt? Das steckt als Zweifelsfrage dahinter.

Gewiß hätte Gott uns gut schaffen können, von vornherein. Er hat es nicht getan aus einem bestimmten Grunde. Wir sollen doch höher stehen als die Engel. Gott hat sich, als er den Menschen schuf, tatsächlich eines Teiles seiner Allmacht und seiner Freiheit begeben, damit jeder Mensch ihm gegenüber frei sei. Er hat uns Menschen dadurch zu Menschen, dadurch zu seinem Ebenbild gemacht, daß wir in Freiheit vor ihm stehen dürfen. Frei allerdings nur hinsichtlich der Antwort auf seinen Ruf, ob wir ihn lieben und ihm vertrauen wollen oder nicht. Wir können uns für oder gegen ihn entscheiden, diese Freiheit haben wir, auch heute noch (5. Mose 30,19.20a). Dann haben wir allerdings auch die Konsequenzen zu tragen, je nachdem, wie wir uns entscheiden. Ursprünglich war der Mensch in seiner Willensfreiheit neutral, ohne das geringste Übergewicht weder zum Bösen noch zum Guten hin. Diese Ausgeglichenheit ist uns durch den Sündenfall zwar genommen, nicht aber die Möglichkeit einer Entscheidung für oder gegen Gott.

Allerdings kann das erste menschliche Nein gegen Gott nicht von uns rückgängig gemacht werden. Deshalb hat Gott seinen Sohn gesandt, damit wir in ihm eine neue Möglichkeit freier Entscheidung erhalten: Wer Ja sagt zu dem Ja, das Jesus in Gethsemane zu Gott gesprochen hat, hat für sich den Fluch des ersten Neins gegen Gott aufgehoben. Wer das Ja Jesu ablehnt, steht weiter unter dem Zorne Gottes. Denn: „Wer an den Sohn glaubt, hat ewiges Leben; wer aber dem Sohne nicht glaubt, wird das Leben nicht sehen, sondern der Zorn Gottes bleibt über ihm" (Joh. 3,36).

3.2 Gott der Schöpfer

Wir bekennen im Glaubensbekenntnis als zweites: „Ich glaube an Gott, den Schöpfer Himmels und der Erde." Als Auslegung dieser Worte möchte ich nicht auf den Schöpfungsbericht eingehen. Ich möchte das Loblied auf den Schöpfer hier anders anstimmen. Ich denke an ein Wort des Neuen Testaments, das mir als Naturwissenschaftler oft zu schaffen gemacht hat (Röm. 1,18ff. nach der Zürcher Übersetzung): „Denn es offenbart sich der Zorn Gottes vom Himmel her über alle Gottlosigkeit und Ungerechtigkeit der Menschen, die die Wahrheit in Ungerechtigkeit aufhalten, weil das, was man von Gott erkennen kann, unter ihnen offenbar ist. Denn Gott hat es ihnen geoffenbart. Sein unsichtbares Wesen, das ist seine ewige Kraft und Gottheit, ist ja seit Erschaffung der Welt, wenn man es in den Werken betrachtet, deutlich zu ersehen. Damit sie, die Menschen, keine Entschuldigung haben, deshalb, weil sie Gott zwar kannten, ihm aber doch nicht als Gott Ehre oder Dank erwiesen."

Hierbei geht es mir vor allem um den Satz: „Was man von Gott erkennen kann, sein unsichtbares Wesen, das ist seine ewige Kraft und Gottheit, ist, wenn man es in den Werken betrachtet, deutlich zu ersehen." Stimmt das? Haben wir noch die Augen, um Gottes unsichtbares Wesen, seine ewige Kraft und Gottheit in den Werken der Schöpfung zu sehen? Oder ist uns alles so zur Selbstverständlichkeit geworden, daß wir nicht mehr über ein Staunen zur Ehrfurcht und zur Anbetung kommen?

Ich beschränke mich im folgenden auf einen winzigen Teil der Schöpfung; auf den, der uns in erster Linie zugänglich ist. Ich gehe nur auf unsere Erde ein und will anhand von fünf Aussagen verdeutlichen, daß man an den Werken, wenn man sie nur *recht* betrachtet, Gottes unsichtbares Wesen, seine Kraft, seine Weisheit erkennen kann. Es sind Zusammenhänge, die wir wohl alle kennen. Aber es geht um das *rechte Betrachten,* damit wir ihm, dem Schöpfer, die Ehre und den Dank erweisen, die wir ihm schuldig sind.

Wir wissen, daß es auf der Erde Leben gibt; wir haben selber daran teil. Aber haben wir schon einmal darüber nachgedacht, welche Bedingungen erfüllt sein müssen, damit Leben auf dieser Erde möglich ist? Es handelt sich um eine ganze Reihe von eng begrenzten Bedingungen, und man kann nur darüber staunen, wie sie bei unserer Erde in geradezu idealer Weise erfüllt sind. Vielleicht ist es uns erst jetzt mit dem Einsetzen intensiver Weltraumforschung richtig bewußt geworden, wie eng begrenzt diese Lebensbedingungen sind. Wir wissen es doch, daß der Mensch, der sich mit einem Raumfahrzeug von der Erde hinweg in den Weltraum hinaus begibt, sich in der Kapsel seine Lebensbedingungen mitnehmen muß. Er findet sie nicht vor, weder auf dem Fluge durch den Raum noch an dem Ort, wo er einmal landen will. So wesentlich ist unser Leben abhängig von dem Erfülltsein bestimmter Bedingungen auf der Erde.

Ich greife fünf unter vielen heraus, die man sonst noch nennen könnte. Als *erste* und hervorstechendste Bedingung muß die richtige *Temperatur* auf der Erde vorhanden sein. Manche Organismen können zwar kurzfristig größere Wärmeschwankungen ertragen, aber im allgemeinen dürfen diese sich nur zwischen 0° und 40° Celsius bewegen, vor allem bei höheren Lebensformen. Das hängt damit zusammen, daß die wichtigsten Bausteine für die Organismen empfindliche Eiweißverbindungen sind. Diese behalten nur innerhalb des genannten Temperaturbereichs die Eigenschaften, an die die Entfaltung des Lebens letztlich gebunden ist. Bei zu niedriger Temperatur erstarren sie, bei zu hoher Temperatur gerinnen sie. So ist es erforderlich, daß wir eine bestimmte mittlere Temperatur vorfinden, um leben zu können. In gewissem Umfang können wir Menschen sie uns schaffen. Wir können uns vor den Unbilden der Jahreszeit, der Witterung und der Umgebung schützen durch Kleidung und Bewegung, durch Bauten mit Heizungs- und Klimaeinrichtungen. Aber alles das zeigt, daß wir bestimmte Temperaturbedingungen brauchen. Wir kennen den Tod durch Erfrieren und wissen um die Gefahr, wenn die Fieberkurve eines Kranken die Grenze von 40° Celsius übersteigt.

Als *zweites* ist das *Licht* für das Leben entscheidend wichtig. Nicht nur, damit wir etwas sehen. Das Licht hat eine viel umfassendere Bedeutung. Das zeigt die sogenannte Photosynthese, eines der großen Geheimnisse im Naturgeschehen, denen die Chemiker auf der Spur sind. Die Pflanzen dieser Erde benutzen das Licht, um mit Hilfe des Chlorophylls, des grünen Blattfarbstoffs, das Kohlendioxid der Luft in Sauerstoff und Kohlenstoff zu zerlegen. Den so gewonnenen Kohlenstoff verwenden sie für ihren eigenen Aufbau; den Sauerstoff geben sie wieder ab und erneuern damit die Luft, die Tiere und Menschen brauchen. Indem also das große Reich der Pflanzen im Prozeß der Photosynthese für sein Wachstum sorgt, dient das Licht dazu, fortwährend leblose Materie in organische Substanzen überzuführen, von denen das gesamte Tierreich und auch die Menschheit sich ernährt, die beide diese Umwandlung nicht bewerkstelligen können. Ohne Licht wäre kein pflanzliches, kein tierisches, kein menschliches Leben denkbar.

Bleiben wir bei dieser Forderung nach Wärme und

Licht kurz stehen und betrachten ihre Verwirklichung! Unsere Erde befindet sich als einsamer, winziger Punkt in einem absolut dunklen Weltraum, der zudem eine Temperatur von weniger als −250° Celsius hat! Unter diesen äußerst ungünstigen äußeren Umständen war nun die Erde – in menschlichen Maßstäben ein Materiekoloß von 12 700 Kilometer Durchmesser, der sich mit einer Geschwindigkeit von rund 460 Metern pro Sekunde um sich selbst dreht und zugleich mit rund 108 000 Kilometern pro Stunde durch den Weltraum rast – ausreichend zu beleuchten und zu beheizen. Das hat der Schöpfer dadurch eingerichtet, daß er die Erde in passender Entfernung um ein „Kernkraftwerk" von riesigen Ausmaßen kreisen läßt, das wir als „Sonne" bezeichnen. Wir wissen heute, daß die Sonne eine ungeheuer große Maschine zur Kernfusion ist, die mit hohen Drucken und Temperaturen Wasserstoffatome zu Heliumatomen zusammenschmilzt und die dabei freiwerdende Energie als Licht- und Wärmestrahlung aussendet.

Damit war aber das Problem zunächst nur halb gelöst. Denn es kommt darauf an, daß Licht und Wärme in der richtigen Stärke auf die Erde herabkommen. Würde unsere Erde näher an der Sonne sein, als sie es ist, so wäre die Hitze, die auf sie trifft, zu groß. Auf dem Merkur, dem sonnennächsten Planeten, herrscht eine Durchschnittstemperatur von +300° Celsius. Auf der Venus ist sie für eine Lebensentfaltung auch noch zu stark. Der Jupiter, ein weiter als die Erde von der Sonne entfernter Planet, hat dagegen eine Durchschnittstemperatur von −130°. Das wäre also ein Abstand, der zu groß wäre, um die beiden ersten Lebensbedingungen von Wärme und Licht in dem erforderlichen Maß zu erfüllen. Die Erde befindet sich mit ihrer Entfernung von 150 Millionen Kilometern in einem genau richtigen Abstand zur Sonne. Und die Sonne mit ihrem Durchmesser von 1,4 Millionen Kilometer ist groß genug, um die notwendige Energie über Milliarden von Jahren zuverlässig zu liefern.

Aber auch der richtige Abstand löst das Problem der Beheizung und Beleuchtung noch nicht vollständig. Es mußte auch die *richtige Verteilung von Licht und Wärme* auf der Erdoberfläche geregelt werden. Dazu dient eine bestimmte Neigung der Erdachse. Die Bahn der Erde um die Sonne beschreibt eine Ellipse. Diese Ellipse bestimmt eine Ebene, in der auch die Sonne liegt.

Es ist nicht ohne Interesse, einige Möglichkeiten für die Stellung der Erdachse zu betrachten. Würde sie *in* der Bahnebene der Erde und *in* ihrer Umlaufrichtung liegen, so würde ein Streifen um den Äquator einer starken Sonnenbestrahlung ausgesetzt und zu heiß sein, während die Polkappen über dem nördlichen bzw. unter dem südlichen Polarkreis kaum Wärme abbekämen. Dann wäre nur in je einem mittleren Streifen der gemäßigten Zonen Leben möglich. Läge die Erdachse *in* der Bahnebene, aber etwa rechtwinklig zur Erdbahn, so würde die eine Erdhälfte stets der Sonne zugewandt sein und ständig Tag und große Hitze, die andere Erdhälfte ständig Nacht und starke Kälte haben. Ein Leben wäre völlig unmöglich.

Läge die Erdachse *außerhalb* der Bahnebene und stünde sie *senkrecht* auf ihr, so wäre die Wirkung die gleiche wie im ersten Fall (Erdachse in Richtung der Bahnkurve). Tatsächlich ist die Erdachse gegen diese Senkrechte zur Bahnebene um einen Winkel von etwa 23½° geneigt, und diese Neigung ist es, die die Verteilung von Licht und Wärme regelt. Dadurch entstehen die Jahreszeiten und ein gemäßigtes Klima. Es ist bewundernswert, durch welche einfache Anordnung der Schöpfer die Bewohnbarkeit der Erdoberfläche in einem großen Ausmaß erreicht hat.

Es ist für mich ein Wunder, daß allein durch die optimale Position der Erde in ihrem Lauf um die Sonne (Abstand, Drehung, Umlauf der Erde und Neigung der Erdachse) dafür gesorgt ist, daß das Kernkraftwerk Sonne uns auf der Erdoberfläche das notwendige Maß an Wärme und Licht im richtigen Verhältnis liefert. Aber auch damit ist noch nicht das letzte zu diesen beiden Bedingungen gesagt. Es kommt noch die als Filter wirkende Atmosphäre hinzu. Darauf gehe ich später noch ein.

Eine *dritte* wesentliche Voraussetzung für das Vorhandensein von Leben ist die *Lufthülle,* die Atmosphäre, die die Erde umgibt. Organismen brauchen für ihr Gedeihen eine Lufthülle von genügender Dichte und eine bestimmte, wohlabgewogene Zusammensetzung der Luft. Sie besteht fast ganz aus Sauerstoff und Stickstoff, dazu aus wenig Kohlendioxid und geringen Mengen der sogenannten Edelgase. Es kommt nun darauf an, daß das Mischungsverhältnis von 78 Prozent Stickstoff zu 21 Prozent Sauerstoff in der Luft erhalten bleibt. Aber wie man weiß, wird der Luft durch unser Ein- und Ausatmen ständig Sauerstoff entzogen, während gleichzeitig der Kohlendioxidgehalt erhöht wird. Der Sauerstoffgehalt hat sich in der ausgeatmeten Luft von 21 Prozent auf 16 Prozent vermindert, der Kohlendioxidanteil von 0,03 Prozent auf 5 Prozent vermehrt. Ohne Ausgleich wäre längst aller Sauerstoff in der Luft verbraucht und Tier und Mensch wären erstickt an dem dann vorhandenen Übermaß von Stickstoff. Dadurch aber, daß die Pflanzenwelt – wie ich vorhin schon sagte – ständig das von uns ausgeatmete Kohlendioxid aus der Luft herausholt, es in Sauerstoff und Kohlenstoff zerlegt, den Kohlenstoff für sich verwendet und den Sauerstoff wieder abgibt, wird laufend dafür gesorgt, daß das richtige Maß im Verhältnis von Sauerstoff und Stickstoff in der Luft vorhanden ist, das wir für unsere Atmung brauchen. Und die Winde sorgen für eine gute Durchmischung der einzelnen Gase. Auch hier beobachten wir ein wunderbares Zusammenwirken mehrerer Faktoren auf der Erdoberfläche, um notwendige Lebensbedingungen zu sichern.

Noch ein weiterer Faktor muß aber erwähnt werden. Die Dichte und überhaupt das Vorhandensein einer Atmosphäre ist abhängig von der Masse des betreffenden Himmelskörpers, der eine Atmosphäre hat, und von der Temperatur auf seiner Oberfläche. Wenn unsere Erde eine *geringere* Masse, also geringere Anziehungskraft besäße, so könnte sie weder die erforderliche Menge Luft noch Wasser festhalten. Die Anziehungskraft der Erde ist gerade so groß, daß sie Stickstoff, Sauerstoff und Kohlendioxid in der Dichte, wie wir sie brauchen, festhalten kann.

Umgekehrt, wenn die Erde eine *größere* Masse hätte, als es der Fall ist, so wäre die Dichte unserer Atmosphäre zu kompakt, oder es wären vielleicht noch andere Gase in ihr enthalten, die Leben verhindern. Es würde dann auch die Wassermenge auf der Erde zunehmen. Aber ein Zehntel mehr Wasser als jetzt würde genügen, um alles Festland der Erde zu überschwemmen!

Wir wissen von Himmelskörpern, die keine Atmosphäre haben, etwa unser Mond. Seine Masse und damit seine Anziehungskraft ist zu gering, als daß er Luft oder Wasser festhalten könnte. Wiederum haben andere Himmelskörper andere Atmosphären, die unseren Verhältnissen nicht gerecht werden und damit Leben in dem uns bekannten Sinne nicht ermöglichen würden.

Die Atmosphäre hat ferner noch die Aufgabe, uns

Menschen vor manchen Gefahren zu schützen. Sie wirkt wie ein Kleid, das die Sonnenwärme auf der Erdoberfläche festhält, und die Luftströmungen in ihr sorgen für eine zweckmäßige Wärmeverteilung. Weiter wirkt die Atmosphäre wie ein Filter, der die gefährliche kosmische Höhenstrahlung, die eine Lebensentfaltung unmöglich machen würde, und die einfallenden Meteoriten fast vollständig auffängt.

Hier möchte ich noch kurz auf den „Himmel" zu sprechen kommen. Ich will ja vom „Schöpfer *Himmels* und der Erde" reden. Der Schöpfungsbericht beginnt (1. Mose 1,1) mit den Worten: „Am Anfang schuf Gott Himmel und Erde." Hier ist nicht der Himmel gemeint, in dem Gott wohnt, das Unsichtbare. Das war schon da, Gott und seine Wirklichkeit waren da, bevor das Sichtbare, diese gegenständliche Welt, von ihm geschaffen wurde. In 1. Mose 1,6-8 heißt es: „Gott sprach: Es werde eine Feste zwischen den Wassern, die da scheide die Wasser voneinander! Und es geschah so. Gott machte die Feste und schied das Wasser unter der Feste von dem Wasser über der Feste. Und Gott nannte die Feste Himmel." Das ist nicht der Himmel, das Unsichtbare, in dem er wohnt. Nein, hiermit ist unsere Atmosphäre gemeint. Im hebräischen Text steht das Wort *rakia,* das nicht „Feste", sondern „Ausdehnung" bedeutet. In der Vorstellung des Volkes Israel war die Atmosphäre der Erde der erste Himmel, der Weltraum außerhalb der Atmosphäre der zweite Himmel. Und dann dachten sie sich „darüber" (im naiven Weltbild) den dritten Himmel. Daher steht auch im hebräischen Text das Wort für Himmel in der Mehrzahl.

Die Atmosphäre schützt uns vor dem kosmischen Regen. Über ihr befinden sich auch die „van Allenschen

Strahlungsgürtel", die wir erst bei den Vorstößen in den Weltraum entdeckt haben. Sie bilden eine Schutzschicht um die Erde, die ebenfalls dazu beiträgt, daß die kosmische Strahlung des Weltalls nicht auf die Erde herabregnet. Beides, Atmosphäre und Strahlungsgürtel, bilden die „Feste", die die Wasser über ihr – die „Kaskaden" der kosmischen Strahlung und der einem ständigen „Hagelfall" vergleichbare Meteoritenfall, rund 10 Millionen solcher „Hagelkörner" im Verlauf von 24 Stunden – scheidet von dem Wasser unter ihr – dem Wasser auf der Erde einschließlich Luftfeuchtigkeit und Regen –, das wichtig ist für die Fruchtbarkeit der Erde.

Damit bin ich bei der *vierten* unbedingten Voraussetzung für die Entfaltung und Erhaltung des Lebens: dem *Wasser*. Dies stellt den Hauptbestandteil für fast jeden Organismus dar. Der menschliche Körper zum Beispiel besteht zu drei Vierteln aus Wasser. Wichtig ist aber nicht nur das Vorhandensein, sondern auch die richtige Verteilung des Wassers auf der Erdoberfläche; daß es die tiefen Becken gibt, in denen sich die Ozeane sammeln konnten. Man darf hierbei an 1. Mose 1,9 denken: „Und Gott sprach: Es sammle sich das Wasser unter dem Himmel an besondere Orte, daß man das Trockene sehe." Wenn diese tiefen Becken der Ozeane nicht wären, würden die Wassermassen auf der Erde die Erdoberfläche gleichmäßig bedecken und kein Land sichtbar sein. Auch die Verteilung des Wassers auf der Erde ist von Gott so angelegt, daß es uns Lebensraum gibt und seinen Dienst erfüllen kann im Zusammenspiel mit der Sonne. Die Sonneneinstrahlung läßt das Wasser der Meere, Flüsse und Seen verdunsten und aufsteigen. In der Atmosphäre kondensiert es wieder zu feinen Tropfen und bildet Wolken. Die Wolken werden von den Winden über die Erdoberfläche verteilt, regnen hier und dort ab, feuchten den Boden und speisen die Quellen. Auch der Kreislauf des Wassers ist ein wunderbares Meisterwerk unseres Schöpfers.

Als *fünfte* wichtige Voraussetzung für das Leben nenne ich schließlich die *Ackerkrume*. Sie liefert uns das tägliche Brot. Auch sie ist durch ein Wunderwerk des Schöpfers entstanden, der sich hierbei des Wassers bediente, genauer gesagt: dem Wasser hierzu eine besondere Eigentümlichkeit verliehen hat. Das Wasser hat die merkwürdige Eigenschaft, ein allgemeines Naturgesetz zu durchbrechen. Alle Stoffe im Kosmos ziehen sich bei Abkühlung zusammen und dehnen sich bei Erwärmung aus. Allein das Wasser zeigt ein abweichendes Verhalten. Es zieht sich bei Abkühlung bis zu $+4°$ Celsius zusammen, dann aber, bei weiterer Abkühlung, dehnt es sich wieder aus, bis es bei $0°$ erstarrt. Man vermeidet jedoch, von einer Durchbrechung der Naturgesetzlichkeit zu sprechen, und redet lieber von einem neuen Naturgesetz, das allein das Wasser erfüllt. Denn wir beobachten es ja immer wieder so. Ich meine, wir sollen den Schöpfer als Herrn aller Naturgesetze verstehen, der dem Wasser diese Ausnahme zuwies, die zur Lebenserhaltung erforderlich ist. Dadurch, daß das Wasser im gefrorenen Zustand, als Eis, leichter ist als das nichtgefrorene Wasser, schwimmt Eis auf der Wasseroberfläche und gibt so den Fischen und sonstigen Lebewesen im Wasser die Möglichkeit, auch im Winter zu existieren.

Doch ist diese besondere Eigenschaft des Wassers noch zu einem anderen Zweck erdacht worden, nämlich um als Sprengmittel zu wirken! Wir kennen alle das physikalische Experiment, daß ein mit Wasser gefülltes, verschlossenes Gefäß zerplatzt, wenn es auf $0°$ abgekühlt wird. Warum? Weil Wasser in gefrorenem Zustand eine größere Ausdehnung besitzt als im nichtgefrorenen Zustand. Zehn Liter Wasser geben elf Liter Eis. Dadurch sprengt es mit ungeheurer Kraft jeden Gegenstand, in den es eingeschlossen ist.

Das war nun die Aufgabe des Wassers, nachdem die feste Erdkruste sich gebildet hatte und nichts anderes da war als Felsen und Wasser – zur Zeit, als die Erde wüst und leer war (1. Mose 1,2). Sein Auftrag vom Schöpfer her war, immer wieder einzudringen in die Risse und Poren der Gesteine und der Lava, dort im Winter als Eis zu erstarren und Gestein und Lava zu sprengen. So wurde nach und nach im Laufe von Jahrmillionen durch den Prozeß der Verwitterung, wie er wissenschaftlich genannt wird, die mit Mineralien durchsetzte Ackerkrume gebildet. Sollte einer meiner Leser sich hier an der Zeitangabe stoßen, so bitte ich, mir meine Überzeugung als Wissenschaftler zugute zu halten. Im übrigen belegt die Bibel eindeutig, daß Gott in seiner Zeitrechnung andere Maßstäbe hat, als er für die Welt durch Sonne, Mond und Sterne gesetzt hat. „Ein Tag ist vor dem Herrn wie tausend Jahre" (2. Petr. 3,8). „Tausend Jahre sind vor dir wie ein Tag und wie eine Nachtwache" (Ps. 90,4). Man achte hier auf die unterschiedlichen Maße. Ein Tag = 24 Stunden, eine Nachtwache = 3 Stunden! Gottes Zeit ist mit unserer Zeit nicht meßbar![3] Als es dann soweit war, kamen die ersten, einfachsten und bedürfnislosesten Pflanzen und fanden ihre Nahrung. Danach haben diese Pflanzen dafür gesorgt, daß sich Humusschichten bildeten und größere und anspruchsvolle Gewächse entstehen konnten, wie es in 1. Mose 1,11 auch angedeutet wird. Dann ging der Mensch ans Werk, bestellte den Acker und erwarb das tägliche Brot.

Als Paulus im Römerbrief die Worte schrieb: „Sein unsichtbares Wesen, das ist seine ewige Kraft und Gottheit, ist ja seit Erschaffung der Welt, wenn man es in den Werken betrachtet, deutlich zu ersehen", hat er gewiß nicht an die Dinge gedacht, von denen ich eben gesprochen habe. Gewiß nicht, denn davon hat er nichts gewußt. Er hat andere Dinge gekannt, an denen man das Wirken des Schöpfers in der Schöpfung erkennen kann. Ich spreche jedoch für heutige Menschen, um aufzuzeigen, daß das Wort Gottes zu jeder Zeit lebendig ist, daß die Worte von damals auch heute gelten, wenn man nur bereit ist, sie anzuerkennen. Ich will heute mit denselben Worten wie Paulus damals und doch in neuer Weise das Loblied des Schöpfers singen: „Lobe den Herrn, meine Seele!" Darum geht es mir. Aber ich kann dieses Loblied nur deshalb anstimmen, weil ich an Gott als den Schöpfer glaube. Ich kann durch keine solche Betrachtung beweisen, daß es den Schöpfer gibt, oder erreichen, daß jemand an den Schöpfer glauben lernt. Vielleicht lernt ein Zweifler ein gewisses Staunen. Das wäre schon ein Gewinn. Denn das Staunen ist ein erster Schritt auf den Glauben zu. Wirklich überzeugen davon, daß der Gott, der sich in der Bibel offenbart, auch der Schöpfer all der Werke ist, die wir im Weltall vorfinden, kann nur Gott selbst. An ihn glauben kann man erst, wenn er selber uns davon überzeugt hat. Und das geschieht nur so, wie Paulus es beschreibt: „Der Glaube kommt aus der Predigt, das Predigen aber durch das Wort Christi" (Röm. 10,17).

Deshalb wollen wir nicht den Schöpfer nur in der Natur suchen. Dort finden wir ihn nicht, wenn wir ihn nicht schon zuvor im Glauben gefunden haben. Wir finden ihn zunächst in seinem Wort. Aber wer ihn in seinem Wort gefunden hat, darf sein Loblied singen:

O Herr, wie sind deiner Werke so viel!

Du hast sie alle in Weisheit geschaffen,

die Erde ist voll deiner Güter (Ps. 104,24).

3.3 Gottes Auftrag an den Menschen

Als Gott den Menschen als Mann und Frau geschaffen hatte, gab er ihnen einen Auftrag. Es heißt: „Gott segnete sie und sprach zu ihnen: Seid fruchtbar und mehret euch und füllet die Erde und macht sie euch untertan und herrschet über die Tiere" (1. Mose 1,28).

Dieser Segen ist ein doppelter: einmal das Sichvermehren, zum andern das Herrschen. Mit dem Wort: Seid fruchtbar! gibt Gott dem ersten Menschenpaar die Fähigkeit, sich zu vermehren und die Erde zu füllen, zugleich aber auch die Macht über die gesamte übrige Schöpfung. Eben darin besteht die Wirkung des göttlichen Segens, daß der Mensch zwar Geschöpf bleibt, aber über alle anderen Geschöpfe hoch hinaufgehoben wird. Im Zusatz zum Schöpfungsbericht – so verstehe ich 1. Mose 2 – kommt das darin zum Ausdruck, daß Gott dem Menschen seinen Odem einbläst (1. Mose 2,7). In diesem Zusatz wird dem Menschen von Gott auch der präzise Auftrag gegeben, dem er sich zu stellen hat: daß er den Garten bebaue und bewahre (1. Mose 2,15). Das ist ebenfalls ein doppelter Zuspruch.

Dem doppelten Segen entspricht also ein doppelter Auftrag. Es entsprechen sich sogar die einzelnen Teile. Dem Sichvermehren ist das Bebauen, dem Herrschen das Bewahren zugeordnet. Beides zeigt die von hoher Verantwortung geprägte Rolle, die Gott dem Menschen zugedacht hat: Verwalter der Schöpfung und Mitstreiter Gottes gegen ihre Bedrohung zu sein. Nur das eine Gebot, nicht über Gut und Böse befinden zu dürfen, stellt die Abhängigkeit von Gott heraus. Was Gut und was Böse ist, entscheidet allein Gott. Was seinem Willen entspricht, ist gut, was ihm nicht entspricht, ist böse. Sich

eine eigene Ethik zu entwerfen, ist dem Menschen ver-
wehrt. Und es sind gerade die beiden wichtigsten Gaben
Gottes, der Baum des Lebens und der Baum der Er-
kenntnis des Guten und Bösen, die insbesondere dem
Menschen zum Bewahrtwerden anvertraut waren. Der
Böse war bereits da und wartete auf seine Stunde.

Das nächste Kapitel (1. Mose 3) macht deutlich, wie
Gott den Segen und den Auftrag verstanden bzw. wahrgenommen wissen will. Es ist keinerlei Zwangsläufig-
keit damit verbunden, sondern es geht um Bewährung:
Wird der Mensch seiner Verantwortung Gott gegenüber
sich bewußt und hält er sich an seinen Auftrag?

Um ihn zu erproben, kommt es zur kritischen Situation
der Versuchung. Satan durfte sich dem Menschen nähern,
aber nur in der Gestalt eines Tieres. Gebraucht nun der
Mensch die ihm verliehene Macht über die Tiere? Nein,
er versagt. Statt den Feind und seine List abzuwehren,
läßt er sich auf ein Gespräch mit ihm ein. Diese Eigen-
mächtigkeit des Menschen nimmt ihm den Schutz des
Segens Gottes und führt zum Ungehorsam, zum Nicht-
beachten seines Auftrags. Damit tritt die von Gott ange-
kündigte Folge ein: der geistliche Tod. Dieser verwirklicht sich in der Trennung von Gott, in der Ausstoßung
aus dem Paradies, d.h. aus der ungetrübten Gemeinschaft mit Gott. Der Mensch büßt die Fähigkeit ein, die
unsichtbare Wirklichkeit, in der Gott lebt, mit seinen
Sinnen zu erfassen. Er sieht sich nun einem unsichtbaren
Gott gegenüber, ist getrennt vom Baum des Lebens, so
daß sein Leben auf der Erde begrenzt ist, und erhält eine
Last auferlegt: Die Frau hat das Sichvermehren mit
Mühsal zu tragen und wird dem Manne als ihrem Herrn
untergeordnet, der Mann kann das Bebauen, d.h. seine
Arbeit, nur unter Mühsal tun (1. Mose 3, 16-18).

Aber die Zuwendung Gottes zum Menschen bleibt bestehen: Er redet noch mit ihm. Und vor allen Dingen, es wird weder der Segen noch der Auftrag zurückgenommen. Hier erweisen sich schon Worte als wahr, die erst das Neue Testament ausspricht bzw. in Erinnerung bringt. Etwa: „Sind wir untreu, so bleibt er doch treu; er kann sich selbst nicht verleugnen" (2. Tim. 2,13). Oder: „Gottes Gaben und Berufung können ihn nicht gereuen" (Röm. 11,29). So heißt es auch im Alten Testament: „Gott ist nicht ein Mensch, daß er lüge, noch ein Menschenkind, daß ihn etwas gereue. Sollte er etwas sagen und nicht tun? Sollte er etwas reden und nicht halten?" (4. Mose 23,19).

Damit ist zugleich gesagt, daß – wenn die Schrift gelegentlich von einer Reue Gottes spricht – darunter etwas anderes zu verstehen ist als menschliche Reue. In 1. Mose 6,6 wird die Reue Gottes klar umschrieben: „Es bekümmerte ihn in seinem Herzen" (daß der Menschen Bosheit groß war und alles Dichten und Trachten ihres Herzens nur böse war immerdar). Und nach dem Gericht durch die Sintflut wird der neue Beginn mit Noah durch die gleichen Worte wie am Anfang gesegnet: „Seid fruchtbar und mehret euch und füllet die Erde. Furcht und Schrecken vor euch sei über allen Tieren ...; in eure Hände seien sie gegeben" (1. Mose 9,1-2). Ferner gibt Gott die Verheißung: „Solange die Erde steht, soll nicht aufhören Saat und Ernte, Frost und Hitze, Sommer und Winter, Tag und Nacht" (1. Mose 8,22). Damit steht Gott weiter zu seinen Ordnungen und gibt dem Menschen mit Saat und Ernte den Auftrag des Bebauens. Schließlich richtet Gott einen Bund auf mit Noah und seinen Nachkommen (1. Mose 9,8), womit der Mensch Partner Gottes bleibt und als sichtbares Zeichen für den unsichtbaren Gott den Regenbogen zugewiesen bekommt.

Diesen ganzen Zusammenhang, beruhend auf der Treue Gottes zum Menschen, muß man sich vor Augen halten, wenn man den heutigen Zustand von Erde und Mensch beurteilen will. Je weniger die Menschen, besonders im christlichen Abendland, sich zu dem einen, dem lebendigen Gott hielten, um so mehr erwies sich die Wahrheit der Worte: „Denn obwohl sie von Gott wußten, haben sie ihn nicht als Gott gepriesen noch ihm gedankt, sondern sind dem Nichtigen verfallen in ihren Gedanken, und ihr unverständiges Herz ist verfinstert. Da sie sich für weise hielten, sind sie zu Narren geworden ... Darum hat sie Gott in den Begierden ihrer Herzen dahingegeben ..." (Röm. 1,21-22.24).

Was Paulus damals schrieb, hat sich inzwischen immer mehr verstärkt und ausgeweitet bis hin zur Auflösung der göttlichen Ordnungen von Ehe und Familie und zur Duldung von widernatürlichen Geschlechtsbeziehungen. Obwohl Gott die Menschen immer noch liebt und unverändert will, daß alle Menschen gerettet werden und zur Erkenntnis der Wahrheit kommen, hat er die Menschheit dahingegeben, d.h. sie den selbstgewählten Weg gehen lassen; denn er achtet die ihnen verliehene Freiheit, läßt sie aber die Folgen tragen.

Das „Füllet die Erde" hat zur Überbevölkerung der Erde geführt und damit zu Hungerkatastrophen und kriegerischen Auseinandersetzungen. Auf der anderen Seite bringt der Widerstand gegen das „Sichvermehren" die Problematik der Empfängnisverhütung, das Töten durch Abtreiben und Schwangerschaftsabbruch und den Abbau der Basis in der Alterspyramide eines Volkes.

Das „Macht euch die Erde untertan" hat die großartige Entwicklung von Naturwissenschaft und Technik gebracht bis hin zu Maschinen, Robotern und Elektronik, dadurch aber auch Wirtschaftskrisen, Arbeitslosigkeit und Umweltzerstörung. Es führte weiter zur Ausbeutung der natürlichen Energievorräte und Rohstoffe und zum Einsatz von Kernenergie, zu Kernkraftwerken und nuklearen Waffen aller Art mit ihren Schrecken und ihren Gefahren.

Mit dem „Herrschen über die Tiere" kam es zu Versuchen mit Tieren und zur Ausrottung vieler Tierarten aus Lust und Gewinnstreben. Das übertrug sich unberechtigterweise sogar auf Menschen. So kommt es immer wieder zu planmäßiger Mißachtung von Menschenrechten, zur Unterdrückung und Verfolgung mißliebiger Minderheiten. Unübersehbar sind die Leiden und Sorgen vieler Menschen und ebenso ihre Zweifel, ob die Politiker die vorliegenden Probleme und Krisen bewältigen können.

Niemals zuvor hat es in dem Ausmaß wie jetzt Proteste aus dem Volk gegen die Herrschenden gegeben. Terroristen und Guerilleros wollen das Gesellschaftssystem gewaltsam ändern. Bürgerinitiativen, Demonstrationen, Friedensbewegungen suchen auf gemäßigte Weise einen entscheidenden Einfluß auf Maßnahmen der Regierenden zu nehmen. Beide Gruppen sind von der Berechtigung ihres Vorgehens fest überzeugt, beide haben Anhänger und Sympathisanten, oft in erheblicher Anzahl.

Für gläubige Christen, doch auch für viele gottferne, aber noch um Gott wissende Menschen erhebt sich immer deutlicher die Frage: Wie verträgt sich das alles mit dem Willen eines gerechten und liebenden Gottes?

Darauf zu antworten, ist für Menschen sehr schwer,

im Grunde unmöglich. Vom Wort Gottes her dürfte klar sein, daß alles, was mit Gewalt und Blutvergießen vorgeht, nicht dem Willen Gottes entspricht und von ihm zu seiner Zeit gerichtet werden wird. Sicherlich sind auch Umweltzerstörung, Aufrüstung und Massenvernichtungsmittel dem eigentlichen Wesen Gottes und seinem Liebeswillen zuwider. Wer als Mensch das verabscheut, sich dagegen ausspricht oder betet oder demonstriert und für Gewaltlosigkeit und Nächstenliebe eintritt, setzt sich für Ziele ein, die im Grunde auch Gottes Ziele sind. Aber damit allein darf man sich nicht zufriedengeben. Gottes Wort spricht sehr deutlich mehr in unser Fragen hinein.

Wie zu Anfang der menschlichen Geschichte Gott für den Menschen einen doppelten Segen und einen doppelten Auftrag vorgesehen hat, so läßt uns das Neue Testament das Geheimnis des doppelten Willens Gottes erkennen. Im Epheserbrief spricht Paulus zum einen von dem Willen des Wohlgefallens Gottes (Eph. 1,5), zum andern von dem Willen seines Ratschlusses (Eph. 1,9). Und dies Geheimnis ist uns erst in Jesus Christus und für die letzte Zeit geoffenbart. Der Ratschluß seines Willens sieht die Ziele des Wohlgefallens Gottes erst nach Ablauf bestimmter Zeiten als erfüllt an. Es geht dabei um den sogenannten eschatologischen Vorbehalt (Hebr. 2,8): „Wenn Gott ihm – Jesus Christus – alles unter die Füße getan hat, so hat er nichts ausgenommen, was ihm nicht untertan wäre. Jetzt aber sehen wir noch nicht, daß ihm alles untertan wäre."

Der Gott der Liebe und des Friedens will nicht Chaos, Verderben, Krieg, Zerstörung. Er will Frieden und Ordnung, gesunde Lebensentfaltung nach seinen Geboten zu seiner Ehre. Das ist der Wille seines Wohlgefallens, verbindlich für jeden Christen. Aber man macht es sich zu einfach, wenn man Gottes Ziele vor der Zeit, sofort und unter Umständen ohne ihn erreichen will, Ziele, die nach Gottes Plan und nach dem prophetischen, auf die Endzeit bezogenen Wort so schnell nicht erreichbar sind.

Denn es gibt auch den geschichtlichen Willen Gottes, den Willen seines Ratschlusses, seinen Plan mit der Welt, mit den Menschen. Weil er dem Menschen Freiheit der Entscheidung zugesteht und so seine Ziele auf der Grundlage freiwilliger Hingabe verwirklichen will, nimmt er Umwege in Kauf. Die ganze Geschichte der Menschheit und der Völker gehört zu diesen Umwegen: der Erste und der Zweite Weltkrieg, Dresden, Hiroshima, Coventry und Stalingrad, Atom- und Wasserstoffbomben, Nuklearenergie und Umweltzerstörung, sicher auch der Dritte Weltkrieg, wenn er kommt. All das gefällt Gott keineswegs, ist jedoch eingebaut in seinen Plan, seinen Ratschluß. Man denke nur an die endzeitlichen Reden Jesu an seine Jünger.

Natürlich geschieht das alles nur so weit, wie es Gott von Fall zu Fall zuläßt. Er hat alles Geschehen stets in der Hand; er ist der Herr der Geschichte; nicht Menschen sind es. Er setzt dem Satan bei allem bösen Wirken seine Grenzen, benutzt ihn aber auch als Werkzeug seiner Gerichte. Von uns Menschen erwartet Gott Buße. Wir sollen all das Schreckliche als Heimsuchung Gottes verstehen und auf das Kommen seines Sohnes warten. Jesus selber ermahnt uns: „So seid allezeit wach und betet, daß ihr stark werdet, zu entfliehen diesem allen, was geschehen soll, und zu stehen vor dem Menschensohn" (Luk. 21,36).

4. Kapitel

Jesus der Sohn Gottes

4.1 Geboren von der Jungfrau Maria

Im zweiten Artikel des Glaubensbekenntnisses geht es um Jesus als den Sohn Gottes und um seinen Weg von der Geburt über Kreuz und Auferstehung zurück zu Gott, dem Vater. Darin ist eingeschlossen, daß er während seines Menschseins auch von göttlicher Natur gewesen ist. Was aber soll damit ausgesagt werden, daß Jesus von Nazareth wahrhaftiger Mensch und wahrhaftiger Gott zugleich war?

Zunächst einmal bekennen wir damit und beten Gott darüber an, *daß* er in Jesus von Nazareth Mensch wurde. Daß das Wort Gottes Fleisch wurde, wie Johannes sagt (Joh. 1,14). Oder wie es Paulus bezeugt (Phil. 2,5-7): „Ein jeglicher von euch sei so gesinnt, wie Jesus Christus auch war; welcher, ob er wohl in göttlicher Gestalt war, nahm er es nicht als einen Raub, Gott gleich zu sein, sondern entäußerte sich selbst und nahm Knechtsgestalt an. Ward gleich wie ein anderer Mensch und der Erscheinung nach als Mensch erkannt."

Um diese göttliche Entscheidung geht es, daß Gott sich entschloß, Mensch zu werden, um unsertwillen. Diese göttliche Entscheidung bildet den Inhalt unseres menschlichen Glaubens. Und das Bekenntnis dazu – als Antwort von uns auf Gottes Entschluß – steht an zentraler Stelle im Glaubensbekenntnis. Es ist auch äußerlich die Mitte und kennzeichnet damit das Wesentliche, um das es hier geht: Daß Gott Mensch wurde, ist nicht nur eine, es ist *die* große Tat Gottes, die wir damit preisen.

Weiter müssen wir beachten (ich folge hier in einigen Punkten der guten Darstellung des Theologen Karl Barth[4]): Die Formulierung „empfangen durch den Heiligen Geist, geboren von der Jungfrau Maria" enthält ein Doppeltes, das man zwar unterscheiden kann, das man aber nicht trennen darf. Es geht einmal um eine innere, sachliche Bedeutung, nämlich um das unbegreifbare *Geheimnis:* „Jesus ist wahrhaftiger Gott und *zugleich* wahrhaftiger Mensch." Und es geht zum andern um eine äußere, zeichenhafte Bedeutung, nämlich um das begleitende *Wunder:* „Jesus hat *allein* Gott zum Vater und deshalb die *Jungfrau* Maria zur Mutter."

Unser Glaubensbekenntnis faßt *beide* Bedeutungen in *eine* Aussage zusammen: „Empfangen durch den Heiligen Geist, geboren von der Jungfrau Maria." Es trennt nicht das Geheimnis vom Wunder. Und es will auch nicht, daß wir beides trennen. Daß wir etwa zu dem einen, dem Inhalt, Ja und zu dem anderen, dem Zeichen, Nein sagen. Beides ist unzertrennlich verbunden, und beides soll von der Gemeinde zu Gott hin bekannt und er darüber gepriesen werden. Wissend und staunend sollen wir vor ihn hintreten und ihm das Lobopfer unseres Herzens darbringen.

In dieser doppelten, aber unzertrennlichen Bedeutung spiegelt sich gewissermaßen jenes Ineinander von Sichtbarem und Unsichtbarem, von dem in der Bibel immer wieder die Rede ist. Ich beziehe mich dabei auf Paulus, der von einem Sichtbaren und einem Unsichtbaren spricht (Kol. 1,16; 2. Kor. 4,18). Und aus diesem Zeugnis sowie aus anderen Stellen der Schrift dürfen wir die Erkenntnis ziehen, daß beide Wirklichkeiten *in*einander liegen; das Unsichtbare durchdringt das Sichtbare überall.

Von hier aus haben wir jetzt Anschluß an ein anderes Glaubensbekenntnis, an das sogenannte *Credo chalcedonense* von 451, das Glaubensbekenntnis von Chalcedon, in dem unsere Väter ebenfalls den Versuch machten, das unergründbar große göttliche Geheimnis „Jesus von Nazareth, wahrer Mensch und wahrer Gott zugleich" in Worte zu fassen. Sie fanden die überraschende, aber wie keine andere zutreffende Formulierung – ich hebe nur die entscheidende Aussage hervor –, daß die beiden Naturen, die göttliche und die menschliche, in der einen Person Jesus von Nazareth *unvermischt* und *ungetrennt* enthalten waren. Unvermischt heißt „ganz geschieden", ungetrennt heißt „ganz vereinigt". Nur in einem solchen Paradoxon kann von diesem Geheimnis gesprochen werden. [5]

Wie in Jesus von Nazareth beide Naturen ungetrennt und unvermischt waren, so dürfen wir uns auch das Ineinander von Sichtbarem und Unsichtbarem denken: ungetrennt und unvermischt. Es handelt sich bei dem Ganzen der Wirklichkeit („Himmel und Erde") weder um einen Dualismus, ein Auseinanderfallen, noch um einen Monismus, ein Zusammenfallen, sondern um ein paradoxes „zusammenfallendes Auseinander" oder „auseinanderfallendes Zusammen". Umgekehrt können wir von hier aus auch das Geheimnis der zwei Naturen Jesu erahnen: Er war im Sichtbaren ganz und gar Mensch, im Unsichtbaren ganz und gar Gott.

Karl Barth formuliert: „Jesus war und ist Gott und Mensch, aber immer beides; das eine nicht ohne das andere, und beides, jedes in seiner Weise (das heißt: im Sichtbaren sowohl wie im Unsichtbaren), gleich ernsthaft, gleich nachdrücklich. Keine Vermischung zwischen Gott und Mensch, keine Verwandlung eines Gottes in einen Menschen oder eines Menschen in einen Gott wird damit ausgesagt. Sondern nur dieses eine: Gott ist, *ohne aufzuhören Gott zu sein,* zugleich Mensch. Er redet, er handelt hier, er tut es als Mensch, aber *er* ist es, der es tut." Unbegreiflich – aber so ist Gott. Und „Gott wurde wirklich", fährt Karl Barth fort, „was wir sind, um wirklich bei uns zu sein und für uns dazusein. Um als Mensch das nicht zu tun, was wir tun, nämlich Sünde, und das zu tun, was wir nicht tun, nämlich Gottes Willen. Und um so an unserer Stelle, in unserer Situation und Verfassung *der* neue Mensch zu sein." Soviel zu dem *Geheimnis:* wahrhaftiger Mensch, wahrhaftiger Gott.

Nun noch etwas zu dem *Wunder:* empfangen durch den Heiligen Geist, geboren von der Jungfrau Maria. Die Worte „empfangen durch den Heiligen Geist" reden nicht von einer irgendwie gearteten Vermählung zwischen Gott und einer Frau. In der Mythologie gibt es solche Vorstellungen. Man denke etwa an die Sage von Leda und dem Schwan. Zeus nähert sich ihr in der Gestalt eines Schwans, und sie gebiert Eier von ihm. Hier, in unserem Glaubensbekenntnis, liegt keine Mythologie vor. In diesem Tun Gottes geht es um das große Wunder seiner Menschwerdung, nicht um eine mythologische Idee.

Auch der Urgemeinde oder unseren Vätern, die das Glaubensbekenntnis formten, darf man keine mythologischen Vorstellungen unterschieben. Wer hier Mythologie sieht oder zu sehen meint, weiß nicht, wer Gott ist. Für ihn scheint Gott „tot" zu sein. Er mag Gott sehen als „Wie meiner Existenz" oder als „Warum meiner schlechthinnigen Abhängigkeit" oder als „kategorischen Imperativ, der mich zu meinem Mitmenschen treibt". Aber er weiß nichts von dem lebendigen Gott, dem Vater Jesu Christi. Er weiß auch nichts von der Wirklichkeit und Wirksamkeit der Macht der Finsternis, des Satans und seiner Dämonen. Bereits um 200 n.Chr. schreibt Tertullian: „Welche Weise könnte ihnen mehr am Herzen liegen, als daß sie den Menschen vom Gedanken an die wahre Gottheit abbringen durch falsche Gaukeleien ... Auch die Ratschlüsse Gottes haben sie damals aufgefangen, als die Propheten sie allem Volk verkündeten ... und suchen es der göttlichen Weisheit gleichzumachen, indem sie die Weissagung stehlen ... Alle Mittel gegen die Wahrheit sind auf der Wahrheit selbst aufgebaut, und diese Rivalität bewirken die Geister des Irrtums. Von ihnen sind derartige Verfälschungen der Heilslehre aufgebracht worden, von ihnen auch manche dichterischen Mythen eingegeben, die durch ihre Ähnlichkeit den Glauben an die Wahrheit erschüttern oder vielmehr ihn sich selber verschaffen sollten, so daß man deshalb den Christen nicht glauben zu müssen meint."[6]

Hierbei hat man etwa an die 4. Ekloge des römischen Dichters Vergil aus dem Jahre 41 vor Beginn der Zeitrechnung zu denken, die in einer – wenn man will – christlich ausdeutbaren Weissagung von dem Kommen eines Weltherrschers kündet, der als göttliches Kind geboren wird.[7] Man hat sie damals auf den Kaiser Augustus bezogen und in ihm die Weissagung als erfüllt betrachtet.

Die oben zitierten Worte Tertullians treffen meiner Überzeugung nach genau den Kern der Sache und gelten daher heute ebenso wie vor 1800 Jahren. Sie zeigen auf, wo die Mythen und Legenden wurzeln – im Denken des von Gott abgekehrten Menschen, nicht in der Bibel.

Jedenfalls ist die Weissagung Gottes an sein Volk durch die Propheten das Primäre. Sie wird vom Satan aufgegriffen und weltlichen Dichtern *vor* der Erfüllung der Weissagung in ähnlicher Form eingegeben, um dadurch uns Menschen irrezuführen. So entsteht eine religionsgeschichtliche Parallele als etwas Sekundäres. Wohl die erste solche Parallele wird in der Bibel berichtet (2. Mose 7,11.22; 8,3.14). Als Mose und Aaron die ihnen von Gott gebotenen Zeichen taten, um den Pharao zur Freigabe des Volkes Israel zu bewegen, ließ der Pharao die Weisen und Zauberer rufen, und „die ägyptischen Zauberer taten ebenso mit ihren Künsten", bis ihre Macht gebrochen war. Sie ahmten das Tun der Boten Gottes nach, um es in Mißkredit zu bringen.

Die Worte „empfangen durch den Heiligen Geist" besagen vielmehr, daß Jesus nach seiner menschlichen Existenz überhaupt keinen Vater hat. An Maria ereignet sich etwas, bei dem der Mann als *aktiver* sündiger Mensch einfach ausgeschlossen ist, von Gott her ausgeschaltet. Natürlich ist auch Maria ein sündiger Mensch. Aber sie empfängt nur, sie ist *passiv* an diesem Geschehen beteiligt. Sie ist das Gefäß, der Ort dieser besonderen Offenbarung Gottes, der Fleischwerdung seines Wortes. Maria ist dazu *erwählt,* dieses Gefäß zu sein, als ein Zeichen dafür, was der Mensch trotz seiner Sünde und in seiner Sünde sein kann, wenn Gott sich seiner annimmt. Maria wird selig gepriesen, weil sie geglaubt hat. Nicht um ihrer Jungfräulichkeit willen, nicht um ihrer Weiblichkeit willen. Maria wird *befähigt* zu einer Antwort, die Gott auch von uns haben will, wenn er an uns handelt: „Mir geschehe, wie du gesagt hast."

Ganz behutsam möchte ich zum Wunder der übernatürlichen Geburt auch etwas von der Naturwissenschaft her sagen. Aber wirklich nur behutsam, denn sie hat praktisch nichts damit zu tun. Der Bericht aus dem Lukas-

evangelium über den Besuch des Engels bei der Jungfrau Maria lautet (nach der Zürcher Übersetzung): „Er
kam zu ihr herein und sprach: Sei gegrüßt, du Begna-
dete, der Herr ist mit dir. Sie aber erschrak über das Wort
und sann darüber nach, was das für ein Gruß sei. Da
sprach der Engel zu ihr: Fürchte dich nicht, Maria, denn
du hast Gnade bei Gott gefunden. Und siehe, du wirst
schwanger werden und einen Sohn gebären, und du
sollst ihm den Namen Jesus geben. Dieser wird groß
sein und Sohn des Höchsten genannt werden, und Gott
der Herr wird ihm den Thron seines Vaters David geben,
und er wird König sein über das Haus Jakobs in Ewigkeit, und seines Königtums wird kein Ende sein. Maria
aber sagte zu dem Engel: Wie soll das zugehen, da ich
von keinem Manne weiß? Und der Engel antwortete
und sprach zu ihr: Der Heilige Geist wird über dich
kommen und die Kraft des Höchsten wird dich überschatten; daher wird auch das Heilige, das gezeugt wird,
Sohn Gottes genannt werden. Und siehe, Elisabeth,
deine Verwandte, auch sie erwartet einen Sohn in ihrem
Alter; und dies ist der sechste Monat für sie, die unfruchtbar hieß. Denn kein Wort, das von Gott kommt,
wird kraftlos sein. Maria aber sprach: Siehe, ich bin des
Herrn Magd; mir geschehe nach deinem Worte" (Luk.
1,28–38).

Das heißt zunächst einmal, daß der Ausdruck „übernatürliche Geburt" unzutreffend und irreführend ist.
Die Geburt Jesu ist eine ganz natürliche. Er kommt auf
die Welt wie jedes andere Kind auch. Er wird in Windeln
gewickelt und in die Krippe gelegt. Er wird genährt und
wächst auf als wirkliches Kind. Das Übernatürliche bei
diesem Geschehen ist nur die Empfängnis. Wie dürfen
wir in dieser Hinsicht die geheimnisvollen Worte ver-

stehen, die der Engel zu Maria sagt? Zweierlei ist es, wovon er spricht. Beides ist aufschlußreich.

Einmal: „Heiliger Geist wird über dich kommen." Wozu wohl? Um die Stätte zu bereiten! Vom Unsichtbaren her umhüllt Gottes Geist Maria, um sie zu reinigen, zu heiligen. Er hüllt sie ein und durchdringt sie, um sie zu einem Gefäß zu machen, das wirklich rein und heilig ist. Wie die Priester die Gefäße für den Gottesdienst und sich selbst zu reinigen hatten: „Reinigt euch, die ihr des Herrn Geräte tragt" (Jes. 52,11)! Das soll dort auch an Maria geschehen. Sie soll gereinigt werden für das Große, das Gott an ihr tun will.

Wenn Gott aus dem Unsichtbaren heraus ins Sichtbare kommt, wird durch ihn das Sichtbare heilig. Man denke etwa an die erste Begegnung, die Mose mit Gott gehabt hat, am brennenden Dornbusch. Als Mose da auf ihn zugehen will, ruft ihm Gott entgegen: „Tritt nicht herzu! Zieh deine Schuhe von deinen Füßen; denn der Ort, darauf du stehst, ist heiliges Land" (2. Mose 3,5). So wurde auch Maria geheiligt dadurch, daß Heiliger Geist über sie kam.

Nun das andere: „Die Kraft des Höchsten wird dich überschatten." Was soll damit gesagt werden? Nichts anderes als: Das Wort Gottes wird an Maria und in ihr wirken. Denn „Kraft des Höchsten" ist das Wort Gottes. „Wie er spricht, so geschieht's; wie er gebietet, so steht's da" (Ps. 33,9).

Auffallend ist hier das Wort „überschatten". Doch die Bibel hilft zum Verstehen. Bei der Verklärung Jesu heißt es (Luk. 9,34-35): „Da kam eine Wolke und überschattete sie (die Jünger); und sie erschraken, da sie die Wolke überzog. Und es geschah eine Stimme aus der Wolke, die sprach: Dieser ist mein auserwählter Sohn; auf den sollt ihr hören." Es war Gott, der sich den Jüngern in einer Wolke näherte. So geschieht es stets, wenn Gott sich Menschen nahen will. Man denke nur an die Begegnungen Gottes mit Mose (2. Mose 16,10-12; 19,9; 24,15-18; 4. Mose 17,7-9 u.a.). Die Wolke hat ihn zu verbergen. Denn wer Gott sieht, muß sterben (2. Mose 33,20).

Von dem Überschattetwerden der Jünger her darf man annehmen, daß Gott sich in gleicher Weise der Jungfrau Maria nähert, in einer Wolke sie überschattet und aus dieser sein schöpferisches Wort an sie richtet. Denn es ist ein Schöpfungswerk Gottes, das an Maria geschieht, ähnlich wie es im Schöpfungsbericht bezeugt wird, wo es zu Beginn heißt: Der Geist Gottes schwebte über den Wassern, und Gott sprach: „Es werde", und es geschah also. Und wie es im Schöpfungsbericht weiter heißt (1. Mose 1,24): „Gott sprach: Die Erde bringe hervor lebendiges Getier, ein jedes nach seiner Art ... Und es geschah also", so – aber viel größer und viel mächtiger – geschieht es hier an Maria. Gott spricht sein „Es werde" in sie hinein, damit die neue Schöpfung eingeleitet werde.

Das ist es, was gemeint ist mit den Worten: „Die Kraft des Höchsten wird dich überschatten." Gottes Wort geht ein in Maria und *schafft* das befruchtete Ei: „Das Wort ward Fleisch." Jesus Christus ist der Erstling der *neuen* Schöpfung. Er ist der wahre Mensch, der Mensch nach Gottes Herzen, das wirkliche Ebenbild Gottes. Und das Erstaunliche, das Gütige, das Barmherzige, aus dem die ganze Liebe Gottes zu uns spricht, ist, daß er die alte, gefallene Schöpfung nicht einfach wegwirft, sondern sie – bevor er sie durch sein Wort vergehen läßt – neu adelt, indem er Jesus von einer menschlichen Mutter empfangen und geboren werden läßt. Hier bedient sich Gott der Kräfte seiner ersten Schöpfung, die er selber in sie hineingelegt hat, als der Mensch noch Gottes Ebenbild war, um den Erstling der neuen Schöpfung hervorzubringen. Danken wollen wir Gott für seine Güte und für die Wunder, die er an den Menschenkindern tut!

Kann gegen die Zeugung durch das Wort Gottes naturwissenschaftlich etwas eingewendet werden? Das wäre vom naturwissenschaftlichen Weltbild der Neuzeit, insbesondere von dem darin verankerten Verständnis von Materie und Naturgesetzlichkeit her, gewiß möglich und ist ausgiebig getan worden. Dieses Weltbild, das noch Anfang dieses Jahrhunderts allgemein anerkannt war, enthielt aber mancherlei metaphysische Aussagen, die nicht als naturwissenschaftliche Erkenntnisse angesprochen werden dürfen, z.B. alle Unendlichkeits- und Absolutheitsvorstellungen über den Kosmos, über Raum, Zeit, Materie, Naturgesetz. Inzwischen sind diese metaphysischen Reste ausgemerzt, ist das Weltbild gereinigt, sozusagen „entmythologisiert" worden.

Es hat sich durch das Experiment erwiesen, daß Materie sich in ihren letzten Einheiten nicht, wie man früher angenommen hatte, aus unzerstörbaren, ewig aus sich selbst heraus bestehenden substantiellen Teilchen zusammensetzt, sondern aus sich immer neu ereignenden Energieimpulsen, von denen nicht feststellbar ist, woher und ob überhaupt sie einen Ursprung haben. Materie *ist nicht,* Materie *geschieht.*

Dieses eigentliche, dynamische Verhalten aller Materie läßt *vom Glauben her* das Zeugnis der Bibel ganz neu aufleuchten, daß Gottes Wort Kraft, Dynamis ist. Wie er spricht, so geschieht's (Ps. 33,9). Das darf wie folgt interpretiert werden: Gott spricht, und sein Wort hat die – für uns Menschen unbegreifliche – Fähigkeit, sich im Sichtbaren als physikalisch meßbare Energie, als kontingentes Ereignis zu manifestieren, d.h. genau dort, wo das nach seinem Willen geschieht, ereignet sich Materie, ist also Sichtbares als vom Menschen her Erkennbares vorhanden.

Im Lichte dieses nur dem Glauben offenbaren (1. Kor. 2,12-14) Zusammenhangs erscheint auch meine Deutung der Zusage: „die Kraft des Höchsten wird dich überschatten" durch: „Gott sprach: Es werde ein befruchtetes Ei, und es geschah also" naturwissenschaftlich *denkmöglich*.

Aber all das, was ich eben sehr behutsam von der Naturwissenschaft her zu deuten versuchte, löst das Geheimnis nicht auf, daß – mit den Worten Karl Barths – Gott Mensch wurde, ohne aufzuhören, Gott zu sein. Das Wunder und das Geheimnis gehören untrennbar zusammen. Das eine bedingt immer das andere. Wir wissen von keiner göttlichen Notwendigkeit, daß das Wort Fleisch werden *mußte*. Wir wissen von keiner menschlichen Möglichkeit, daß das Wort Fleisch werden *konnte*. Wir können nur um die *Wirklichkeit* wissen: „Das Wort *ward* Fleisch." Und der Glaube, der dieses Geheimnis und dieses Wunder betend bekennt, wird nicht aufhören, darüber zu staunen.

So also beten wir unser Glaubensbekenntnis recht, wenn es mit einem staunenden, ehrfürchtigen, anbetenden Herzen geschieht. Paulus gibt uns da die richtigen Worte (Röm. 11,33-36): „O welch eine Tiefe des Reichtums, beides, der Weisheit und der Erkenntnis Gottes! Wie unbegreiflich sind seine Gerichte und unerforschlich seine Wege! Denn, wer hat des Herrn Sinn erkannt, oder wer ist sein Ratgeber gewesen?' Oder, wer hat ihm etwas zuvor gegeben, daß Gott es ihm vergelten müßte?' Denn von ihm und durch ihn und zu ihm hin sind alle Dinge. Ihm sei Ehre in Ewigkeit! Amen."

4.2 Jesus als Sohn Davids

Die bisherigen Ausführungen zur Jungfrauengeburt möchte ich wie folgt zusammenfassen: Wenn wir unseren Glauben bekennen mit den Worten: „Ich glaube an Jesus Christus, empfangen durch den Heiligen Geist, geboren von der Jungfrau Maria", so bekennen wir damit nichts anderes als: „Ich glaube, daß Jesus allein Gott zum Vater gehabt hat und deshalb die Jungfrau Maria zur Mutter." Jesus ist *nicht* durch einen menschlichen Vater gezeugt worden. Ich halte das für eine sehr wichtige Feststellung. Am Kreuz hat Jesus sich als Passahlamm verstanden, als Opfer zum Zeichen der durch seinen Tod bewirkten Befreiung von der Macht des Bösen, des Feindes Gottes. Das Passahlamm aber mußte ein männliches, erstgeborenes und ein fehlloses Lamm sein. Alle drei Bedingungen treffen auf Jesus zu. Das Entscheidende aber ist: Nur durch ein fehlloses, d.h. sündloses Lamm konnte das Sühnopfer für unsere Versöhnung mit Gott gewirkt werden (Hebr. 7,26-27; 1. Petr. 1,19). Wäre Jesus von einem Manne gezeugt worden, so wäre er *nur* Mensch gewesen und hätte wie jeder andere Mensch unter dem Gesetz der Sünde gestanden. Es hat sich deshalb nicht nur ereignet, daß Gott wirklich *Mensch,* sondern auch wirklich *Gott* Mensch wurde (2. Kor. 5,19-21). Was ist es aber dann um Joseph als den Mann der Maria? Dazu sei noch einiges nachgetragen.

Die Botschaft des Engels an Maria erforderte von ihr einen Glauben – an das „historisch Mögliche" –, wie er nie zuvor in der Geschichte Gottes mit den Menschen von einem Menschen gefordert wurde, weder von Noah noch von Abraham, weder von Mose noch von Elia oder anderen Menschen des alten Bundes. Im

Grunde ist es wohl nur für eine Frau möglich nachzuempfinden, was Maria in der Verkündigung durch den Engel angetragen wurde. Ich verweise deshalb gern auf das Buch der Oberin der Evangelischen Marienschwesternschaft über Maria, das in echter Anbetung Gottes – des Vaters und des Sohnes und des Heiligen Geistes – in klarer biblischer und darum auch evangelischer Weise den Glaubensgehorsam von Maria besingt.[8]

Als liebevolle Hilfe, sich dem unfaßbaren „historisch Möglichen" im Glauben hinzugeben, erhält Maria durch Gottes Güte und Barmherzigkeit ein Zeichen: „Und siehe, Elisabeth, deine Verwandte, auch sie erwartet einen Sohn in ihrem Alter; und ist jetzt im sechsten Monat, von der man sagt, daß sie unfruchtbar sei. Denn kein Wort, das von Gott kommt, wird kraftlos sein" (Luk. 1,36-37). Dies zeigt uns, daß auch natürliche Zeugung nichts Selbstverständliches ist. Gott kann sie versagen; Gott kann sie auch bei hohem Alter möglich machen – durch sein Wort. Maria versteht und macht sich auf und wandert zu Elisabeth. Dort gibt ihr Gott ein weiteres Zeichen der Bestätigung dafür, daß *er* an ihr gehandelt hat, und redet zu ihr durch den Mund der Elisabeth (Luk. 1,41-45). Drei Monate bleibt Maria bei ihr, wohl bis zur Geburt des Johannes; dann kehrt sie nach Nazareth zurück.

Und nun kommt Joseph ins Spiel. Er erfährt, daß Maria schwanger ist; ob sie selbst es ihm sagt oder ob der Augenschein ihn belehrt, wird uns nicht berichtet. Er war mit ihr verlobt, nach jüdischem Brauch war damit auch schon die Ehe rechtlich geschlossen (zu entnehmen aus Matth. 1,19). Maria wird Joseph beteuert haben, daß sie „von keinem Manne weiß", und wird ihm von dem Besuch des Engels erzählt haben. Joseph aber hielt das –

wie viele heute – nicht für „historisch möglich" und beschloß, Maria heimlich zu entlassen, d.h. ihr den Scheidebrief zu geben, weil – so berichtet Matth. 1,19 – er rechtschaffen war und sie nicht in Schande bringen wollte.

Er gibt damit zu erkennen, daß er die Vaterschaft ablehnt, aber Maria weiter lieb hat und ihr die Möglichkeit geben will, den „andern" zu heiraten, damit sie nicht bei den Leuten in Verruf käme.

Gott aber läßt sich bei diesem entscheidenden, geschichtsträchtigen Handeln nicht von einem Menschen ins Konzept pfuschen. Durch den Engel des Herrn wird Joseph bestätigt, was er Maria wohl nicht hat glauben wollen (Matth. 1,20-23). Und Joseph gehorcht und nimmt Maria als seine Frau zu sich; nach jüdischem Verständnis gilt Joseph nun als *Vater* Jesu. Er ehrt damit das von Gott an Maria Geschehene und sorgt durch dieses Verhalten seinerseits dafür, daß sie vor der Welt nicht als verachtet dasteht (Matth. 1,24-25). Gott hat sich in beiden, in Maria *und* Joseph, die rechten Eltern für seinen Sohn erwählt. So wirkt Gott Geschichte.

Sein Erwählen hält sich aber auch an seine Verheißungen (2. Sam. 7,12-16). Joseph wird von dem Engel als *Sohn Davids* angeredet. Matthäus gibt uns dazu den Stammbaum Josephs, von Abraham an über David bis zu Jakob; der zeugte „den Joseph, den Mann der Maria, aus der Jesus geboren wurde, der der Christus genannt wird" (Matth. 1,2-16). Aber nun gibt es noch einen zweiten Stammbaum Jesu, der von Lukas berichtet wird und der von dem ersten nicht unerheblich abweicht (Luk. 3,23-38)! Das hat zu mancherlei Verwirrung und Irrlehre geführt, wie etwa in anthroposophischen Kreisen zu der Hypothese von zwei verschiedenen Jesusknaben, die sich erst später in mystischer Weise vereinigt haben sollen. Dennoch läßt sich auch das Geheimnis der beiden unterschiedlichen Stammbäume deuten, wenn man nur genau hinsieht, was dasteht, und etwas davon weiß, wie biblische Aussagen verstanden sein wollen.

Die Ahnenreihe von David aufwärts bis Abraham ist bei beiden Stammbäumen die gleiche, abgesehen von kleinen Unterschieden in der Schreibweise der Namen und von der Erwähnung eines Namens, der bei Lukas zusätzlich genannt wird. Lukas setzt sogar die Ahnenreihe über Abraham hinaus bis zu Adam fort, Matthäus setzt erst bei Abraham ein. Von David zu Joseph dagegen werden von beiden Evangelisten gänzlich verschiedene Stammbäume genannt. Lukas nennt einen Eli als Vater von Joseph, Matthäus einen Jakob. Lukas führt die Linie bis zu Nathan als Sohn Davids (2. Sam. 5,14), Matthäus bis zu Salomo.

Wesentlich für die Deutung ist nun der Unterschied im Aufbau und in der Ausdrucksweise. Matthäus beginnt bei Abraham und führt von da bis zu Joseph, wobei er stets das Wort „zeugen" verwendet: Abraham *zeugte* Isaak ..., Jakob *zeugte* Joseph, den Mann der Maria. Mit diesem Wort ist leibliche Nachkommenschaft in direkter Linie gemeint, selbst wenn ein Glied oder mehr in der Ahnenreihe fehlen. Wie bereits erwähnt, nennt Lukas z.B. zwischen David und Abraham einen Namen mehr als Matthäus.

Lukas dagegen geht von Joseph aus zurück bis zu David (und weiter über Abraham bis Adam) und gebraucht stets die Wendung „Sohn": Jesus war, als er auftrat, etwa 30 Jahre alt und war, wie man annahm, ein Sohn des Joseph, der des Eli, der des Matthat ..., der des Nathan, der des David (Luk. 3,23-31).

Das Wort „Sohn" wird jedoch in der Bibel nicht nur im Sinne direkter leiblicher Nachkommenschaft verstanden (vgl. etwa 5. Mose 25, 5-6)! So ist es denkbar, daß Lukas – der ja von Joseph so gut wie nichts berichtet (da das von Matthäus getan wird), um so mehr von Maria, die sicherlich zu seinen Gewährsleuten gehört, die er befragt hat (Luk. 1, 3) – in der Ahnenreihe bis David den *Stammbaum der Maria* bringt, mit Eli also den Schwiegervater von Joseph nennt, und uns damit aufzeigen möchte, daß nicht nur Joseph, sondern auch Maria David als Ahnherrn hat, Jesus also von *beiden* „Eltern" her ein Sohn Davids ist. Die bekannte Prophezeiung (Jes. 11, 1), daß ein Reis aufgehen wird aus dem Stamme Isais – des Vaters Davids – und ein Zweig aus seiner Wurzel Frucht bringen wird, weist eher auf Maria als auf Joseph hin. Eine gewisse Parallele dazu besteht im heutigen Staat Israel: Wer von einer jüdischen Mutter geboren wird, gilt als Jude.

Mit diesen Ausführungen lasse ich es bewenden. Daß Jesus als Sohn Gottes auch ein Sohn Davids gewesen ist, gehört zu dem großen Geheimnis Gottes um seinen Sohn: Wahrhaftiger Gott, vom Worte Gottes gezeugt, und wahrhaftiger Mensch, von einem Weibe geboren (Gal. 4, 4). Damit haben wir uns zu begnügen, und der Glaubende betet Gott darüber an. Eine das rein intellektuell geprägte Denken befriedigende Klärung über die mit der Geburt Jesu zusammenhängenden Fragen erhalten wir nicht. Gott will in seinem Handeln weder berechnet noch kontrolliert werden. Er will geglaubt sein. Dazu hat er uns das Zeugnis der Bibel überliefert. Und der durch dies Wort entzündete *Glaube* erkennt zur Genüge, wie zuverlässig die Bibel berichtet.

Die Aussagen des Glaubensbekenntnisses sind für mich nicht Dogmen, die ich für wahr halte, weil die Kirche das von mir als einem Christen erwartet. Sie haben für mich ebensowenig legendären Charakter, so daß ich sie aus wissenschaftlicher Redlichkeit heraus nur mit schlechtem Gewissen nachsprechen könnte. Sondern sie sind für mich Zeugnisse von großen Taten Gottes, die ich gemeinsam mit den Vätern der Christenheit mit den schlichten, aber prägnanten Worten, die sie dafür gefunden haben, anbetend als auch für mich maßgeblich bekenne. Ich darf in diesem Zusammenhang Rudolf Alexander Schröder zitieren, der 1949 vor der bayerischen Landessynode u.a. sagte: „Aber wenn mir im Raum meiner Kirche von der *Legende* der Jungfrauengeburt oder gar von der *Legende* der Auferstehungsgeschichte gesprochen oder geflüstert wird, und wenn somit die heiligen Männer, denen ich die Urkunde meines Heils und meiner Errettung verdanke, mir aus frommen Historikern, als die ich sie kenne und verehre, zu frommen Hysterikern gemacht werden sollen, so fühle ich mich von ungeschickter Hand an den schwer errungenen und verteidigten Grundlagen meines Glaubens angetastet. Im Bericht von der Geburt und im Bericht von der leiblichen Auferstehung hängt als in seinen beiden Eckpfeilern das Zeugnis der Schrift von Jesus Christus!"[9]

Es handelt sich um Fakten; auf ihnen habe auch ich mein Leben gegründet – im Vertrauen auf den einen Gott, der sich in Jesus Christus zu mir bekennt. Dazu gehört, daß über dem großen Geheimnis der Menschwerdung Gottes in Jesus von Nazareth auch im Äußerlichen ein Schleier liegt, als Zeichen dafür, daß Gott in seiner Verborgenheit geglaubt und nicht bewiesen sein will. Kein anderer hat dies schöner in Worte gefaßt als Blaise Pascal. Ich setze daher diese als Abschluß hierher:

„Gott hat die Menschen erlösen und das Heil denen eröffnen wollen, die ihn suchen. Aber die Menschen machen sich dessen so unwürdig, daß es gerecht ist, wenn

Gott einigen wegen ihrer Verhärtung verweigert, was er anderen gewährt aus einem Erbarmen, das er ihnen nicht schuldet. Wohl hätte er die Hartnäckigkeit der Verhärtetsten durch eine offene Selbstenthüllung zu überwinden vermocht, so daß sie an der Wahrheit seines Wesens nicht hätten zweifeln können – so wie er am Jüngsten Tage erscheinen wird mit einem solchen Glanz der Blitze und einer solchen Umwälzung der Natur, daß die Toten auferstehen und die Blinden ihn sehen werden.

Er hatte sich aber für seine Ankunft Sanftmut vorgenommen, und darum hat er nicht in dieser Weise erscheinen wollen. Weil so viele Menschen sich seiner Milde unwürdig machen, hat er sie in der Entbehrung eines Gutes belassen wollen, nach dem sie nicht verlangten. Es war also nicht gerecht, in einer Weise zu erscheinen, die mit ihrer unverhüllten Göttlichkeit unbedingt fähig gewesen wäre, alle Menschen zu überzeugen. Es war aber auch nicht gerecht, auf eine so verborgene Art zu erscheinen, daß er von denen, die ihn aufrichtig suchten, nicht erkannt werden konnte. Diesen hat er sich in vollem Umfang kenntlich machen wollen. Da er also unverhüllt denen erscheinen wollte, die ihn von ganzem Herzen suchen, und da er denen verborgen bleiben wollte, die ihn von ganzem Herzen fliehen, setzt er seine Erkennbarkeit in der Weise herab, daß er Zeichen seiner Selbst gibt, sichtbar denen, die ihn suchen, aber nicht sichtbar denen, die ihn nicht suchen. Es gibt Licht genug für die, die nichts anderes wollen als sehen, und es gibt Finsternis genug für die andern, die nicht sehen wollen."[10]

4.3 Das Jahr der Geburt Jesu

Noch ein weiterer Punkt bedarf wohl der Klärung: das Jahr der Geburt Jesu. Bekanntlich hat ein Abt Dionysius 525 bei der Festsetzung des Beginns der christlichen Zeitrechnung das Jahr der Geburt Jesu einige Jahre zu spät angesetzt, so daß eine Korrektur notwendig ist. Nach Matthäus, der den Besuch der Weisen aus dem Morgenlande, die Flucht von Maria und Joseph mit dem Jesuskind nach Ägypten, den bethlehemitischen Kindermord und den Tod von Herodes dem Großen berichtet (Matth. 2, 1-19), muß Jesus *vor* dem Jahre 4 vor Beginn der Zeitrechnung geboren sein. Denn dies ist das Todesjahr des Herodes. Nach Lukas aber wurde Jesus im Jahre einer von Kaiser Augustus angeordneten Schätzung geboren, als Quirinius Statthalter in Syrien war (Luk. 2, 1-2).

Forscht man in der zeitgenössischen Geschichtsschreibung nach, so findet man in den Antiquitates Judaicae des Flavius Josephus, daß im Jahre 6 *nach* Beginn der Zeitrechnung eine Schätzung stattfand und tatsächlich zu dieser Zeit Quirinius in Syrien war. Man könnte daher meinen, einen Widerspruch in den Zeitangaben bei Matthäus und Lukas gefunden zu haben. Es zeigt sich jedoch, daß die Angabe bei Lukas sehr präzise ist und Übereinstimmung mit Matthäus ergibt, wenn man sie nur genau liest.

In Luk. 2,2 heißt es: Diese Schätzung war die *erste* und geschah, als Quirinius *Statthalter* in Syrien war. Auf die kursiv gesetzten Worte kommt es an. Es hat bereits vor der Schätzung im Jahre 6 nach Beginn der Zeitrechnung eine erste Schätzung, ebenfalls vom Kaiser Augustus angeordnet, gegeben, die nach dem Jahre 8 vor Beginn der Zeitrechnung durchgeführt wurde. Sie war von Saturninus, dem damaligen Statthalter für Syrien, zugleich mit

Syrien auch für das angegliederte Judäa vorbereitet worden und ist deshalb als Census Saturninus in römischen Archiven nachweisbar. Doch war Saturninus nur bis zum Jahre 8 vor Beginn der Zeitrechnung in Syrien. Sein Nachfolger als Statthalter, von dem zwar die Amtsdauer, nicht aber der Name bekannt ist, war vermutlich Quirinius, der dann die Schätzung durchzuführen hatte. Denn auf dem Grabstein des Quirinius in Tibur ist angegeben, daß er *zweimal* in Syrien war. Nach Flavius Josephus war er aber das zweite Mal (im Jahre 6 nach Beginn der Zeitrechnung) nicht als Statthalter dort, sondern als Juridicus mit einem Sonderauftrag, offenbar im Zusammenhang mit der zweiten Schätzung, um die bei der ersten Schätzung 14 Jahre vorher gesammelten Erfahrungen nutzbar zu machen.

Man sieht also, daß Lukas in seiner Berichterstattung sehr sorgfältig gelesen sein will. Er wußte von der ersten und der zweiten Schätzung und wußte, daß Quirinius einmal als Statthalter und einmal als juristischer Sachverständiger nach Syrien geschickt worden war. Deshalb betont er: Diese Schätzung war die *erste* und geschah, als Quirinius *Statthalter* in Syrien war. [11]

So kommt man auf das Jahr 7 oder 6 vor Beginn der Zeitrechnung als Geburtsjahr Jesu. Dies wird bestätigt durch ein von der UNESCO gefördertes Geschichtswerk[12]. Dort heißt es: „Wir brauchen nicht auf die endlosen Diskussionen einzugehen, zu denen die Chronologie des Lebens Jesu Anlaß gegeben hat. Wir können zufrieden sein, wenn wir die Daten seiner Geburt und seines Todes in guter Annäherung erhalten ... Seine Geburt darf auf das Ende des römischen Jahres 748 oder des Jahres 6 vor Beginn der Zeitrechnung festgesetzt werden."

Neben die historische Möglichkeit für die Festlegung

des Geburtsjahres Jesu tritt die naturwissenschaftliche, die dreimalige Konjunktion von Jupiter und Saturn im Jahre 7 vor Beginn der Zeitrechnung, die vermutlich die Weisen aus dem Morgenlande veranlaßte, nach Jerusalem zu reisen, um dem neugeborenen König der Juden zu huldigen (Matth. 2, 1-2).

Bekanntlich hat bereits Kepler diese Konjunktion berechnet und mit dem Stern der Weisen in Verbindung gebracht. Er war in gleicher Weise Astronom und Astrologe, wie wir es von den Weisen annehmen dürfen. Die astrologischen Regeln und Deutungen waren für ihn dieselben wie für die Weisen. Je seltener eine Planetenkonjunktion erfolgte, um so bedeutender war – so meinte man – das Ereignis, auf das sie hinwies. Da Saturn und Jupiter sich am langsamsten von allen Planeten durch den Tierkreis bewegen, kommen gleiche Konstellationen beider Planeten im selben Tierkreiszeichen am seltensten vor. Unter diesen wiederum waren die im ersten Tierkreiszeichen (Widder) und die im letzten (Fische) von besonderer Bedeutung. Ferner galt Saturn (Kewan/Kiun) als Stern des Volkes Israel (Amos 5, 26) und Jupiter als der Königsstern.

Unter den vielen Versuchen, den Stern der Weisen astronomisch-astrologisch zu deuten (bis hin zu der Behauptung, daß dieser „Sternsage" keine faktischen Ereignisse zugrundeliegen), verdienen meines Erachtens nur zwei, naturwissenschaftlich anerkannt zu werden. Es sind die Untersuchungen von F. von Oefele[13] und die von O. Gerhardt[14]. Die ersteren beruhen auf den Angaben eines in Berlin befindlichen demotischen Papyrus P 8279, der wohl astrologischen Zwecken gedient hat, von dem aber von Oefele annahm, daß er u.a. die in den Jahren um den Beginn der Zeitrechnung wirklich beobachteten Bahnen der Planeten Jupiter und Saturn enthielt. Der Astronom H.H. Kritzinger konnte jedoch in den Angaben des Papyrus einige Fehler entdecken, so daß sie wohl eher auf Berechnungen (und damit auch Fehlberechnungen) als allein auf Beobachtungen beruhen. Ich stütze mich daher auf die Untersuchung von Gerhardt, die in astronomischer Hinsicht auf einer ständigen Kontrolle durch F.K. Ginzel gründet.

Zur Lösung des Problems erscheint es ihm wesentlich, alle Aussagen des biblischen Textes (Matth. 2, 1-12), so kärglich sie auch sind, als zutreffend bzw. nichtzutreffend zu erweisen. Da hier von *einem* Stern *(astär)* geredet wird, der einfach als *sein* Stern, d.h. Stern des Messiaskönigs, bezeichnet wird, ist nachzuweisen, daß im Altertum *ein* Stern für Israel und seine Religion eine spezifische Bedeutung hatte, die so bekannt war, daß Matthäus ihn bloß *seinen* Stern zu nennen brauchte, um bei den Judenchristen, für die er schrieb, verstanden zu werden, und daß die Attribute und Funktionen dieses Sterns zur Messiasgestalt passen mußten. Ferner ist zu klären, ob dieser Stern an und für sich oder ob eins seiner Phänomene auf die Geburt des Messias zu beziehen war. Schließlich ist zu prüfen – falls es einer der damals bekannten Planeten war –, welche Phänomene in seiner Bahn in Frage kommen und ob – falls es sich um eine Konjunktion handelte – der andere Planet zum ersten in fester Beziehung stand. Sind diese Fragen geklärt, so ist weiter festzustellen, wie weit die räumlichen und zeitlichen Angaben bei Matthäus zutreffen, daß ein bestimmter Aufgang des Stern (*en tä anatolä,* Vers 2) für die Reise der Weisen maßgebend war, daß bei ihrer Wanderung von Jerusalem nach Bethlehem der Stern vor ihnen herging und schließlich über Bethlehem stillstand (Vers 9).

Unwichtig erscheinen Gerhardt mit Recht Fragen anderer Art, z.B. ob der Stern von Gott dazu *bestimmt* war, die Geburt Jesu anzuzeigen, oder ob durch das Evangelium nach Matthäus die Astrologie eine Anerkennung findet. Er weist in diesem Zusammenhang richtig darauf hin, daß Matthäus hierüber schweigt. Dieser, der sich bemühte, im Leben Jesu Schritt für Schritt die Erfüllung alttestamentlicher Weissagungen nachzuweisen, hätte das Kommen der Weisen gut mit dem Hinweis deuten können: Da ward erfüllt, was gesagt war von dem Seher (Bileam): „Ich sehe ihn, aber nicht jetzt; ich schaue ihn, aber nicht von nahem. Es wird ein Stern aus Jakob aufgehen und ein Zepter aus Israel aufkommen" (4. Mose 24,17). Matthäus tut das jedoch nicht, und man kann diese Zurückhaltung wohl nur so verstehen, daß er der Sterndeutung nicht ein göttliches Siegel aufdrücken wollte. Er nahm die Tatsache als solche hin, ohne sie in den göttlichen Heilsplan einzugliedern. Gottes Wort wendet sich sehr deutlich gegen jede Art von Astrologie (Jes. 47,12-14; Gal. 4,8-10).

Gerhardt bekennt, daß er bei seiner Untersuchung einen mühsamen Weg zu gehen hatte: auf der einen Seite das Eindringen in die wunderlichen Spekulationen der orientalischen Astrologie und in die jüdischen Überlieferungen, auf der anderen Seite die jahrelange Benutzung der Logarithmen- und Sterntafeln. Aber das Endresultat belohnte die vierjährige Mühe: Es ergab sich, daß in der Erzählung von den Weisen und ihrem Stern natürliche, klar erkennbare Tatsachen vorliegen – wunderbar ist nur das eine, daß die auf den Messias gedeutete Sternerscheinung gerade zur Zeit der Geburt Jesu eingetreten war.[15]

Die gesicherten Ergebnisse Gerhardts kann ich hier nur summarisch wiedergeben. In bezug auf die oben zuerst gestellten Fragen erklärt er: Die Beziehung des Planeten Saturn zum Volke Israel war im Altertum bekannt. Nicht selten wurde der Gott Israels mit dem Planetengott Saturn identifiziert; der Sabbat wurde Saturnstag und der Saturn Sabbatstern genannt. Saturn wurde verehrt als das Organ der Nemesis an der menschlichen Missetat, als das Organ des Rechts und der Gerechtigkeit, das auch direkt „Sonne" genannt wurde, als das Organ des Gottes, der die Welt gründete durch seine Weisheit, dem man alle Weissagungen verdankte. Saturn war der Planetengott, der Israel schützte und seine Religion regierte. Matthäus brauchte ihn nicht zu nennen, da ein Zweifel über dies Gestirn gar nicht aufkommen konnte. Sollte der Planet Saturn ein Ereignis anzeigen, gleichviel ob von hoher oder geringer Tragweite, so konnte das nach babylonischer Lehre nur durch seine Bahn, seinen Aufgang, seine Stellung zu den Angeln der Welt, zu den übrigen Planeten und zum Tierkreis erfolgen. Von den Planeten konnte daneben nur Jupiter und von den Tierkreisbildern konnten nur die Fische in Betracht kommen. Die Fische waren von alters her das „Haus Jupiters"; unter dem Zeichen dieses Planeten stand Abraham, der Stammvater der Juden, dessen Glaube ihm zur Gerechtigkeit angerechnet wurde. Gerechtigkeit war aber auch der Name und die Wesensbeziehung des Königssterns Jupiter. Die Fische bildeten den Abschluß und die Vollendung des Tierkreises, der Himmel und Erde zusammenhielt, und so sollte der Messias den Abschluß der Weltzeit bringen. Die Ideenverbindung vom Messias und dem Gestirn war so geläufig, daß dem Matthäusevangelium etwas fehlen würde, wenn es das Erscheinen des Messiassterns nicht berichtete. Und daß es ihm eben darum ging, zeigt der Auftrag des Herodes an die Hohenpriester und Schriftgelehrten – als die Weisen ihm mitgeteilt hatten, sie hätten den Stern des neuen Königs der Juden gesehen –, sie sollten nachforschen, wo der Christus (Messias) geboren werden solle.

Gerhardt stellt weiter fest, daß Saturn allein den Mittelpunkt des Ganzen bildete, daß nur seine Konjunktion mit Jupiter in den Fischen auf die Geburt des Messias bezogen worden war und daß in keinem anderen Jahre als im Jahre 7 – im Zeitraum 9 bis 1 vor Beginn der Zeitrechnung – irgendein astronomisch oder astrologisch bedeutsames Phänomen eintrat außer der Saturn-Jupiter-Konjunktion.[16] Über die Unzertrennlichkeit beider Gestirne während der Zeit der Konjunktion ergibt sich: Die Auf- und Untergänge erfolgten im allgemeinen in Abständen, die nach Bruchteilen von Minuten, längstens vier Minuten zählten, und an Orten, die dicht beieinander lagen (höchstens 2,5° voneinander entfernt). Die Bahnen am Himmel waren neun Monate hindurch gemeinsam, selten weiter als 2° getrennt, meistens bedeutend weniger. Die Umbiegung in den Bahnen (Rückläufigkeit) erfolgte jeweils in Abständen von wenigen Tagen und nur um 1° bis 2° entfernt. Die Stillstände vollzogen sich bei beiden nahezu gleichzeitig vor und nach jeder Umbiegung. Eine derartige räumliche und zeitliche Unzertrennlichkeit, die neun Monate lang zu beobachten war, erhielt – so schließt Gerhardt – ihren ganz besonderen Wert durch die oben geschilderte innere Zusammengehörigkeit beider Planeten. Ihre Konjunktion galt als *das* Anzeichen der Geburt des Messias, die ja durch Prophetie feststand und sicher erwartet wurde. Offen bleibt hier lediglich, ob dieses Zeichen wirklich auf die *Geburt* hin gedeutet wurde oder nicht eher auf den Zeitpunkt der *Zeugung*. Letzteres ist im antik-astrologischen Verständnis durchaus möglich, und das 9 Monate andauernde Miteinander der beiden Planeten könnte auf die Zeit des Austragens durch die

Mutter bezogen werden. Infolgedessen kann sowohl das Jahr 7 wie das Jahr 6 das Geburtsjahr Jesu gewesen sein.

Der markante Zeitpunkt, den die Weisen mit den Worten beschreiben: „Wir haben seinen Stern im Aufgang gesehen" (Vers 2), und nach dem sich Herodes erkundigte (Vers 7), war jener Moment, wo der Messiasplanet Saturn innerhalb der Fische zum ersten Male wieder aufging. Daß Saturn und Jupiter in diesem Tierkreisbild zusammenkommen mußten, war von Herbst des Jahres 8 an deutlich. Ab Januar 7 rückte Saturn stetig auf die Fische zu. Jupiter folgte ihm in einem Abstande, der sich laufend verringerte. Ende März war Saturn (nicht sichtbar) in die Fische eingetreten. Anfang April 7 ging er erstmals dort sichtbar auf! Jupiter trat erst in der zweiten Aprilhälfte in die Fische ein, aber von Ende April an betrug der Abstand beider Planeten weniger als 3°, d.h. zu diesem Zeitpunkt begann nach antikem Verständnis die Konjunktion.

Zu den letzten oben aufgeworfenen Fragen bemerkt Gerhardt, daß von den beiden beobachteten Stillständen der Planeten der zweite im Herbst stattfand, und zwar bei Saturn von Anfang November bis Mitte Dezember 7, bei Jupiter von Ende Oktober bis Anfang Dezember 7. In dieser Zeit betrug ihr halber Tagbogen (d.i. die Hälfte des Bogens, den das Gestirn von seinem Aufgang bis zu seinem Untergang beschreibt) knapp sechs Stunden, d.h. knapp sechs Stunden nach ihrem Aufgang standen sie im Meridian. Diese Meridianstellung trat Anfang November um acht Uhr, Ende November um dreiviertel sieben Uhr, Mitte Dezember um dreiviertel sechs Uhr abends ein, in heutiger Zeitangabe: 20 Uhr bzw. 18.45 Uhr bzw. 17.45 Uhr. Da die Straße von Jerusalem nach Bethlehem fast nordsüdlich verläuft, also dem Meridian ziemlich parallel geht, hatten die Weisen an jedem

Tage in diesen Monaten auf ihrer Wanderung nach Bethlehem, für die etwa zwei Stunden anzusetzen sind und die sicher in den frühen Abendstunden erfolgte, den Messiasstern vor sich. Bethlehem liegt auf zwei Hügeln, von denen der erste (von Jerusalem aus gesehen) im Meridian liegt, der andere etwa 20° östlich davon. Je nach Abendstunde, zu der die Weisen Bethlehem vor sich sahen, stand der Stern im Meridian (über dem ersten Hügel) oder noch östlich davon (über dem anderen Hügel). In jedem Fall sahen sie ihn über einem Teil der Stadt stehen.

Zweifellos war es Gott selbst, der die Weisen auf ihrem Weg zu Jesus hin geleitet hat. Auf sie war – aus der Zeit der Gefangenschaft des jüdischen Volkes in Babylon – das Wissen um die Geburt eines großen Königs der Juden gekommen, der als Erlöser der Menschheit anzubeten sei. Es waren heidnische Gelehrte, die Gott in ihrem Beruf auf der Sternwarte erreicht hat und die er durch eine fragwürdige Wissenschaft, die Astrologie, über eine exakte Beobachtung, die Astronomie, zu einer klaren Erkenntnis und zu einer erfolgreichen Expedition führte. Als sie diesen Weg gehorsam gegangen waren, hat er sie zum prophetischen Wort der Bibel und, sogar mittels eines weltlichen Herrschers, bis vor die Tür Jesu geleitet. Zuletzt sind sie in großer Freude hineingegangen und waren bei Jesus selbst. Auf dem Wege dorthin schenkte Gott ihnen von Zeit zu Zeit die Bestätigung durch ihre Wissenschaft, die Beobachtung des Sterns. Schließlich gebot er ihnen im Traum, daß sie nicht wieder zu Herodes zurückgehen sollten. So erfuhren Heiden nicht nur, daß Jesus auch für sie gekommen ist, sondern lernten auch, daß man Gott mehr zu gehorchen habe als den Menschen. Das ist es wohl, was Matthäus durch seinen Bericht, der sich in allen Einzelheiten als zuverlässig erweist, auch uns Heutigen sagen kann.

5. Kapitel

Jesu Leidensauftrag

5.1 Gelitten unter Pontius Pilatus

Diese Aussage folgt unmittelbar auf die Aussage von der Geburt Jesu, so daß es den Anschein hat, als ob unsere Väter im Glauben, die das Glaubensbekenntnis erarbeiteten, nur Geburt, Tod und Auferstehung Jesu als das Entscheidende an seinem Kommen angesehen hätten. Häufig wird es von gläubigen Menschen, die über das Glaubensbekenntnis nachdenken, als ein Mangel empfunden, daß von dem vollmächtigen Wirken Jesu als Sohn Gottes nichts ausgesagt wird. Seine gewaltige Verkündigung und Lehre, seine wirksamen Hilfen durch Zuspruch und Heilung, seine Wunder bleiben völlig unerwähnt. Jesu Leiden unter Pontius Pilatus, verstanden als Verspottung und Mißhandlung durch die Kriegsknechte und als schmach- und schmerzvolles Sterben am Kreuz, gehört gewiß zu seinem Leben, mehr aber zu seinem Tode und übergeht ganz das Tun Jesu während seines öffentlichen Wirkens, das vielen Gläubigen als das Wichtigste an seinem Kommen erscheint.

Das andere Glaubensbekenntnis der Christenheit, das von Nicäa, sagt zwar aus, daß Jesus „um uns Menschen und um unserer Seligkeit willen" gekommen ist, enthält aber auch nichts von seinem Wirken. Es engt sogar die Bedeutung des „gelitten" auf Jesu letztes Leiden ein, indem es bekennt: „... gekreuziget für uns unter Pontius Pilatus, gelitten und begraben." Doch weist es auf den entscheidenden Zweck des Kommens Jesu hin mit den Worten „um unsertwillen" und „für uns".

Mit Bezug auf das apostolische Glaubensbekenntnis wird zusätzlich von manchen Menschen bemerkt, daß es in seinem ersten Artikel von Gott als dem Schöpfer spricht und damit auch von seinem Wirken, ferner im dritten Artikel von der Wirksamkeit des Heiligen Geistes in der Gemeinde. Deshalb müßte, so meint man dann, der zweite Artikel einen Passus enthalten, der auf das Wirken Jesu hinweist, etwa: vollmächtig erwiesen in Wort und Tat.

Wie aber hat sich die frühe Christenheit zum Wirken Jesu gestellt? In seiner Pfingstpredigt bezeugt Petrus: „Jesus von Nazareth, der Mann, von Gott unter euch ausgewiesen durch Taten und Wunder und Zeichen, die Gott durch ihn in eurer Mitte getan hat" (Apg. 2,22). Und noch in seiner Predigt vor den Heiden, im Hause des Hauptmanns Cornelius in Cäsarea, geht Petrus ähnlich auf das Wirken Jesu ein mit den Worten: „Der ist umhergezogen und hat Gutes getan und alle gesund gemacht, die in der Gewalt des Teufels waren; denn Gott war mit ihm" (Apg. 10,38). Aber in den Briefen des Neues Testaments, den wichtigsten Zeugnissen der frühen Christenheit, findet sich kaum eine Spur eines Gedenkens an Jesu Worte und Taten. Daß er geboren ist von einer Frau und unter das Gesetz getan, daß er versucht ist allenthalben, doch ohne Sünde, daß er Gehorsam gelernt hat an dem, das er litt, und daß er gehorsam gewesen ist bis zum Tode am Kreuz – das ist so ziemlich alles, was von dem irdischen Leben Jesu ausgesagt wird.

5.2 Gelitten – unter Pontius Pilatus gekreuzigt

Stellt man sich dieser Tatsache und nimmt sie in ihrer Bedeutung ernst, so muß man sagen, daß das Interesse der frühen Christenheit nicht so sehr dem Wirken Jesu galt als vielmehr seinem Dasein in der Welt. Was sie von Anfang an und mit Recht bewegt hat, ist, daß er geboren, gestorben und auferstanden ist. Es ist sozusagen der Durchgang Gottes durch die Welt, auf dieser Erde, den sie als ganz entscheidenden Bestandteil ihres Glaubens bezeugen will. Damit sagen die Väter im Glauben nicht mehr und nicht weniger, als daß man Jesu Worte und Taten falsch versteht, wenn man sie verstehen will losgelöst von seinem Opfertod, seiner Auferstehung und seiner Erhöhung zur Rechten Gottes. Anders ausgedrückt: Es ist stets auch von dem Wirken Jesu auf Erden die Rede, wenn von seinem Tod und seiner Auferstehung gesprochen wird.

Damit kommt man zu einem neuen Verständnis des Wortes „gelitten". Wie schon durch den Trennungsstrich angedeutet, sollte man das Wort „gelitten" nicht mit dem Zusatz „unter Pontius Pilatus" verbinden. Ich weiß von Pastoren, die nach dem Wort „gelitten" bewußt eine Pause machen und damit der Gemeinde, von den Konfirmanden angefangen, anzeigen, daß der Zusatz „unter Pontius Pilatus" als Zeitangabe zu dem nachfolgenden „gekreuzigt" gehört und „gelitten" als Aussage für sich verstanden und bedacht werden muß.

Dieses Wort spricht im Sinne der frühen Christenheit von dem Leiden Gottes bei seinem Durchgang durch die Welt in der Gestalt des Sohnes. Mit seiner Menschwerdung beginnt dieses Leiden und setzt sich fort bis zu seinem Tod. Der Heidelberger Katechismus gibt auf die

Frage 37 (Was verstehst du durch das Wörtlein: gelitten?) die Antwort: Daß er an Leib und Seele die ganze Zeit seines Lebens auf Erden, sonderlich aber am Ende desselben den Zorn Gottes wider die Sünde des ganzen menschlichen Geschlechts getragen hat, auf daß er mit seinem Leiden als mit dem einigen Sühnopfer unseren Leib und unsere Seele von der ewigen Verdammnis erlösete und uns Gottes Gnade, Gerechtigkeit und das ewige Leben erwürbe.[17]

So ist die ganze Erdenzeit Jesu eine Leidenszeit Gottes. Er geht als Fremdling durch das Leben der Menschen. Er ruft zur Buße, er will das Volk sammeln, er spricht Weherufe über die religiösen Führer des Volks, über ganze Städte, er weint über Jerusalem. Aber er siegt nicht, er triumphiert nicht, er will nicht als Messias erkannt werden. Alle Anerkennung zerrinnt bald wieder. Nicht nur die Familie, auch seine Jünger werden schließlich an ihm irre. Im übrigen setzt er nur Zeichen, wie es einmal in der Gottesherrschaft sein wird: kein Leid, keine Schmerzen, kein Tod. Indem sich Gott in Jesus offenbart, bleibt er verhüllt. Er erniedrigt sich und gibt sich den Mächten preis, die besiegt werden sollen. Seine Herrlichkeit bleibt verborgen. So trägt Jesus den Zorn Gottes. Die Mächte erringen durch das Todesurteil über ihn äußerlich den Sieg. Sein eigener Sieg über die Mächte wird in einem gewaltigen Kampf am Kreuz errungen (vgl. Kapitel 6), bleibt aber ein Geheimnis, das durch Jesu Auferstehung zwar erschüttert, aber erst vom Heiligen Geist in den vierzig Tagen danach, im Umgang mit den Jüngern, und schließlich zu Pfingsten offenbart wird.

5.3 Sinn und Ziel des Leidens

Pilatus war in den Jahren 26 bis 36 Statthalter (Präfekt) der römischen Provinz Judäa. So ereignete sich die öffentliche Wirksamkeit Jesu und sein Leiden von Anbeginn an zur Zeit des Pilatus. Beachtet man das, so kann man die Aussage „Gelitten unter Pontius Pilatus" als Zeitangabe für die ganze Leidenszeit Jesu verstehen. Mir scheint aber die Darlegung im vorangehenden Abschnitt dem Heilsplan Gottes mehr zu entsprechen. Entscheidend ist, daß wir den Sinn des Leidens Jesu richtig erkennen. Seine Leidenszeit auf Erden hat nur das eine Ziel, für uns Menschen mit seinem Tod das Sühnopfer zu bringen, das uns mit Gott versöhnt.

Dieser Tod, Sinn und Ziel des Leidens Jesu, hat – wie alles im Handeln Gottes für uns Menschen – eine doppelte Bedeutung. Er ist auf der einen Seite Tragen des göttlichen Fluches (Gal. 3,13), Erleiden der göttlichen Strafe (Röm. 6,23) und Überwindung einer göttlichen Anfechtung (Mark. 15,34). Mit dem allen geht es um eine Selbsthingabe Gottes an Sein und Schicksal des Menschen: im Sterben Vergangenheit zu werden, ohne eine Zukunft zu haben. Auf der anderen Seite ist Jesu Tod Vollzug des göttlichen Freispruchs (Kol. 2,14), Darbringung eines göttlichen Opfers (Mark. 10,45) und Durchbruch des göttlichen Sieges (Offb. 5,5). Und auch mit diesem allen geht es um die Selbsthingabe Gottes für uns, daß, weil ihn der Tod nicht hat halten können, auch für uns eine Zukunft gewirkt wurde: das ewige Leben. Zusammengefaßt: ein Gericht, das Gott an sich selbst vollstreckt, um uns seiner Gnade teilhaftig werden zu lassen – Botschaft des Evangeliums!

Die vier Evangelien bringen bei näherem Zusehen

keine Lebensgeschichte Jesu, in der zum Schluß auch von seinem Tod berichtet wird. Was sie von Anfang an von seiner Verkündigung, von seinen Gesprächen mit den Jüngern und seinen Gegnern, von seinen Wundern erzählen, hat unverkennbar die Ausrichtung auf Tod und Auferstehung als entscheidendes Geschehen. Damit wird die Ansicht widerlegt, daß Paulus mit seiner fast ausschließlichen Verkündigung von Tod und Auferstehung Jesu die Botschaft der vier Evangelisten verändert habe. Er spricht von demselben Jesus, von dem die Evangelien berichten, und verkündet dasselbe Evangelium, wie es die Evangelien als ihre Botschaft bringen.

6. Kapitel

Jesu Tod und Auferstehung

6.1 Versuch einer tiefergehenden Auslegung

Sowohl vom Tode Jesu wie erst recht von seiner Auferstehung von den Toten kann man nicht mit nur irdischen Begriffen reden. Beides gehört zum unmittelbaren Handeln Gottes mit seinem Sohn und geht deshalb über menschliches, auch über künstlerisches Nachempfinden weit hinaus. Trotzdem kommt es immer wieder zu Vorstellungen darüber, die – von naiver Frömmigkeit geprägt – nicht den biblisch berichteten Tatsachen entsprechen. Uns allen sind z.B. in Malerei und Bildnerei Darstellungen der Mutter Maria mit dem Leichnam Jesu auf dem Schoß bekannt. Aber der biblische Bericht weiß nichts von einer Pieta. Dort heißt es, daß Joseph von Arimathia den Leichnam vom Kreuz abnahm, ihn in ein reines Leintuch wickelte und in das Grab legte, das er für sich in einen Fels hatte hauen lassen.

Von den Frauen wird gesagt, daß Maria Magdalena und die andere Maria da waren und sich dem Grab gegenüber setzten (Matth. 27, 59-61). Bei Markus wird die andere Maria „die Mutter des Joses" genannt; beide Frauen sahen, wo Jesu Leichnam hingelegt wurde (Mark. 15,47). Lukas berichtet: „Es folgten aber die Frauen, die mit ihm (Jesus) gekommen waren aus Galiläa, und beschauten das Grab und wie sein Leib hineingelegt ward" (Luk. 23,55). Johannes fügt hinzu, daß Joseph von Arimathia bei seinem Werk Hilfe von Nikodemus erhielt; von den Frauen erwähnt er nichts (Joh. 19,39-42).

Aufgrund dieser Berichte muß man sagen, daß die Vorstellung von einer Pieta einer empfindsamen, naiven Phantasie entspringt, die das herbe Leid der Mutter Maria in menschlich-nachfühlender Weise zum Ausdruck bringen möchte.

Ähnlich liegt es bei den bildlichen Darstellungen von der Auferstehung Jesu. Im allgemeinen wird ein Sarg gezeigt, dessen Deckel beiseite geschoben ist und aus dem Jesus sich als Sieger über den Tod in verklärter Gestalt erhebt. Doch keiner dieser Künstler berücksichtigt, daß Jesus nicht wie bei uns üblich in einem Sarg in die Erde begraben, sondern nur, in ein Leintuch einbalsamiert, in die Nische eines Felsengrabes gelegt wurde. Auch hier hat eine religiöse Phantasie den Vorgang der Auferstehung in menschlich-naiver Weise darzustellen versucht, ohne sich an den biblischen Bericht vom Felsengrab zu halten und ohne zu bedenken, daß es keinen menschlichen Zeugen für die Auferstehung Jesu gegeben hat. Gewiß ist anzuerkennen, daß es den Künstlern darum ging, Jesu Sieg über den Tod zu verherrlichen. Aber es muß an das Gebot Gottes erinnert werden, daß wir uns vom Göttlichen „kein Bildnis noch irgendein Gleichnis (Abbild) machen sollen, weder von dem, was oben im Himmel, noch von dem, was unten auf Erden, noch von dem, was im Wasser unter der Erde ist" (2. Mose 20,4). Gott weiß, daß bildliche Darstellungen sich dem Menschen besonders leicht einprägen und ihn vergessen lassen, daß der unsichtbare Gott und sein Handeln nicht anschaulich zu erfassen sind.

Es ist wie bei dem naiven Weltbild mit den drei Stockwerken Himmel, Erde und Hölle, das jahrhundertelang als Weltbild der Bibel angesehen wurde und an dem sich der Glaube unzähliger Generationen orientiert hatte. Gott hat auch dieses „Bildnis" nicht geduldet und es von der aufkommenden Naturwissenschaft zerstören lassen. Dadurch haben viele Menschen ihren Glauben verloren, weil ihnen das naive Weltbild als Stütze für den Glauben diente. Wir sollen uns aber nur an Jesus halten, der allein das „Ebenbild des unsichtbaren Gottes" ist. Das eigentliche Weltbild der Bibel ist unanschaulich. Näheres darüber habe ich bereits im zweiten Kapitel ausgeführt; ich verweise auch auf mein diesbezügliches Buch.[18]

In dem biblisch bezeugten Unsichtbaren dürfen wir uns das Reich des Lichtes (den Himmel) und das Reich der Finsternis (darin die Hölle) denken. Kommt jemand zum Glauben, so geschieht an ihm im Unsichtbaren, daß er von dem einen Machtbereich in den anderen versetzt wird (Kol. 1,13); aufgrund des Ineinander von Sichtbarem und Unsichtbarem bleibt er aber unter dem Einfluß beider Bereiche, erleidet Anfechtungen und erfährt Bewahrung, fällt in Sünde und erhält bei Bekennen der Sünde Vergebung.

Um dem Handeln Gottes, aber auch den Einwirkungen von Mächten der Finsternis, soweit wie möglich, ein angemessenes Verstehen entgegenzubringen, ist das Wissen um das Unsichtbare und um das Ineinander der beiden Wirklichkeiten unerläßlich. Denn Gottes Handeln und Reden, ebenso das Wirken Jesu und das der guten Mächte, der Engel, geschieht aus dem Unsichtbaren in das Sichtbare hinein. Eine menschliche Antwort, Gottesdienst, Anbetung, Gebet, Stille Zeit, erfolgt in der umgekehrten Richtung. Für dieses ereignisreiche Miteinander gilt: „Gott ist nicht ferne von einem jeden unter uns; denn in ihm leben und weben und sind wir" (Apg. 17,27-28).

Dieses In-ihm-Sein (in seiner Wirklichkeit) erfährt der „inwendige Mensch" in uns (Eph. 3,16), der dem Unsichtbaren angehört. Auch die Mächte der Finsternis, Satan und seine Dämonen, wirken aus dem Unsichtbaren in das Sichtbare hinein, und es gibt Menschen, die mit ihnen Verbindung aufnehmen (Anrufen des Satans, Satanskirche, Schwarze Magie, Spiritismus, Kontakt mit Toten u.a.).

Bei der nachstehend von mir gegebenen Darstellung der Geschehnisse um Tod und Auferstehung Jesu geht es mir um eine tieferliegende Auslegung der neutestamentlichen Texte, die auf dem Ineinander von Sichtbarem und Unsichtbarem beruht. Sie wird für viele Christen etwas überraschend und fremd wirken, da sie von landläufigen diesbezüglichen Vorstellungen stark abweicht, die meines Erachtens als menschlich-naiv angesehen werden müssen. Denn sie gehen von der Überzeugung aus, daß es nur *eine* Welt, die sichtbare, gäbe und alles allein von da her verstanden und beschrieben werden könne. Naiv erscheint mir z.B. die Vorstellung, Jesus habe wie ein gestorbener Mensch im Grabe geruht, sei dort in der Osternacht von Gott lebendig gemacht worden und dann in seinem menschlichen, aber verklärten Leib den Frauen und den Jüngern erschienen.

Ich bitte um Verständnis, daß ich hier meine abweichende Sicht vortrage, die nach meiner Überzeugung den biblischen Berichten vollständiger und deutlicher gerecht wird. Ich bin überzeugt, daß insbesondere bei der Auferstehung Jesu viel Gewaltigeres geschehen ist, als daß nur ein Toter wieder lebendig wurde, und daß bei der üblichen Auslegung vielen Aussagen im Neuen Testament zum Tod und zur Auferstehung Jesu keine Beachtung geschenkt wird, wohl weil sie zu schwer zu verstehen sind.

Natürlich sehe ich meine hier versuchte Auslegung nicht als die allein richtige an. Aber ich bitte, sie als eine weitere Möglichkeit gegenüber der üblichen Auslegung anhand der Schrift sorgfältig zu prüfen. Gott selbst läßt uns wissen: „So höret nun ihr, die ihr ferne seid, was ich getan habe, und die ihr nahe seid, erkennet meine Stärke" (Jes. 33,13). Gott will über seinen großen Taten gepriesen sein, und nur das ist es, was ich mit meiner Auslegung vorhabe.

6.2 Jesu Kampf und Sieg am Kreuz

Als Glaubende und als Noch-nicht-Glaubende dürfen wir wissen, daß Jesus durch sein Leiden und Sterben Hölle, Tod und Teufel überwunden hat. Was aber ist damit gemeint, und wie ist es geschehen? Vor allem als Glaubende sollten wir darüber Genaueres wissen und bezeugen.

In der Formulierung „Hölle, Tod und Teufel" ist „Hölle" als „Totenreich" zu verstehen. In den entsprechenden Bibelstellen ist stets vom Totenreich (*hades*) und Tod (*thanatos*) die Rede, wenn man den griechischen Grundtext heranzieht. Entsprechend ist mit 1. Joh. 3,8; Hebr. 2,14; Offb. 20,2.10 zu belegen, daß mit „Teufel" (*diabolos*) Satan gemeint ist. Der Tod ist, wie die Mächte und Gewaltigen der Finsternis, eine personhafte Macht, die Satan untersteht. Jesus hat als Zeichen des Stärkeren die Schlüssel des Todes zum Totenreich und wird im Gericht die Vernichtung von Tod, Totenreich und Satan im feurigen Pfuhl herbeiführen. Damit wird das Urteil vollstreckt, durch das der Fürst dieser Welt auf Golgatha gerichtet ist. Seine Macht wird dann endgültig ausgeschaltet sein.

Jesu Kommen auf die Erde war gewiß ein Kommen zur Erlösung für viele, aber ebenso gewiß ein Kommen zum Gericht, daß er die Werke des Teufels zerstöre und der Fürst dieser Welt gerichtet werde. Damit dies erfüllt werde, sollte er sterben. Von daher ist das *wichtigste am Leben Jesu sein Sterben*. Sein Leben mit Lehren und Wirken ist für uns unerläßlich, ist im Grunde aber nur das Vorspiel für seine eigentliche Sendung. Erst sein Tod bringt die Erfüllung seines Lebens; in der Ausdrucksweise der Kirchenväter: *mors compendium vitae*. Dies zeigt die dreimalige Leidensankündigung, zum anderen Jesu bewußte Hingabe an den Tod. Er fordert Judas auf, ihn auszuliefern. Er gibt sich den Häschern ohne Widerstand in die Hände. Er zwingt durch sein Verhalten Pilatus zum Urteilsspruch. So war der Tod nichts Überraschendes für Jesus, sondern von ihm gewollt und herbeigeführt, wie es vom Vater vorgesehen war.

Jesus hätte als Gottessohn nicht zu sterben brauchen. Wie Henoch oder Elia hätte er ohne Tod von der Erde hinweggenommen werden können. Denn er hatte Gottes Wohlgefallen. Jesus hätte als Menschensohn nicht so zu sterben brauchen, wie es geschah – am Kreuz, d.h. am Fluchholz, aufgehängt zwischen zwei Missetätern, preisgegeben der Verachtung und dem Spott der Menschen. Beides aber, sein Tod und ein solcher Tod, war sein Auftrag, und Jesus gehorchte dem Willen des Vaters; er war ihm gehorsam bis zum Tode, ja zum Tode am Kreuz. Und er hat den Gehorsam gelernt an dem, das er litt, wie es im Hebräerbrief bezeugt wird (Hebr. 5,8).

Das wichtigste am Sterben Jesu ist sein Kampf, *der Kampf gegen den Widersacher Gottes*. Jesus beschreibt ihn zuvor bildhaft mit den Worten: „Wenn ein Starker gewappnet seinen Palast bewacht, so bleibt, was er hat, in Frieden. Wenn aber ein Stärkerer über ihn kommt und überwindet ihn, so nimmt er ihm seine Rüstung, auf die er sich verließ, und verteilt die Beute" (Luk. 11,21-22). Satan ist ein starker Gewappneter. Jesus aber ist stärker und hat „die Reiche und die Gewaltigen ihrer Macht entkleidet und sie öffentlich zur Schau gestellt". Das ist am Kreuz von Golgatha geschehen. Zuvor aber tobte ein Kampf, in dem Satan aufs heftigste als Versucher auftrat und Jesus von dem Weg des Gehorsams abzubringen versuchte. Doch war von diesem Kampf im Sichtbaren wenig zu spüren. Er spielte sich in erster Linie im Unsichtbaren ab.

Ihren Höhepunkt erreichte die Auseinandersetzung in den letzten Lebensstunden Jesu. Da kam es zu dem schweren *Gebetskampf in Gethsemane*. Hier spürt man den biblischen Berichten ab, wie betrübt und verzagt Jesus gewesen ist. Besonders aufschlußreich ist die Aussage des Hebräerbriefs: „Und er hat in den Tagen seines irdischen Lebens Gebet und Flehen mit lautem Schreien und mit Tränen dem dargebracht, der ihn vom Tod erretten konnte; und er ist auch erhört worden, weil er Gott in Ehren hielt" (Hebr. 5,7).

Satan wußte wie Jesus, daß der Weg zum Kreuz im Willen des Vaters lag. Deshalb wollte er diesen Weg verhindern, indem er seinen Helfer, den Tod, nach Gethsemane zu Jesus schickte, daß er ihn dort umbrächte oder ihm zuflüsterte: Bring dich selbst um, dann entgehst du dem schimpflichen Tod einer Hinrichtung! Jesus aber rang mit dem Tode und blieb gehorsam. Daß es ein Ringen voller Angst war mit der Möglichkeit zu unterliegen, ist in dem Wort *agonia* des griechischen Textes enthalten, ebenso in dem immer heftiger werdenden Gebet Jesu: „Vater, willst du, so nimm *diesen* Kelch von mir!" Dies hat der Vater erhört; in Gethsemane mußte der Tod weichen.

Die Jünger, auf deren Mitbeten Jesus gehofft hatte, haben versagt. Trotz mehrfachen Ermahnens versanken sie immer wieder in Schlaf. Sie waren besten Willens, aber schwach. Satan war ihnen weit überlegen; er sandte ihnen den Schlaf.

Der Kampf gegen den Widersacher erhielt seine Fortsetzung, als Jesus ans Kreuz geschlagen war. Erst die Vorübergehenden, dann die Hohenpriester samt den Schriftgelehrten und den Ältesten, schließlich die mit ihm gekreuzigten Missetäter lästerten, verspotteten und schmähten ihn. Auch da war der Versucher am Werk, der schon bei der Versuchung in der Wüste darauf aus war, Jesus zu einem Wunder zu veranlassen, das seine Gottessohnschaft beweisen sollte. In allem aber widerstand Jesus schweigend. Schließlich setzte der massive und brutale Angriff Satans mit all seinen Mächtigen und Gewaltigen ein, der sogar den Menschen, die von ferne standen, erkennbar wurde, ohne daß sie es begriffen haben.

„Es war schon um die sechste Stunde, und es kam eine Finsternis über das ganze Land bis zur neunten Stunde. Und um die neunte Stunde schrie Jesus laut: Mein Gott, mein Gott, warum hast du mich verlassen?" Lukas fügt hinzu: „Und die Sonne verlor ihren Schein, und der Vorhang des Tempels riß mitten entzwei."

Diese Finsternis (zwischen 12 und 15 Uhr heutiger Tageszeit) war nicht, wie man meinen könnte, eine Sonnenfinsternis. Denn zum einen dauert eine solche nicht drei Stunden, zum anderen steht der jüdische Kalender dagegen. Denn eine Sonnenfinsternis kann nur bei Neumond eintreten, wenn der Mond zwischen Sonne und Erde steht, also seine uns zugewandte Seite dunkel ist. Jesus wurde kurz vor dem Passahfest, das auf den 14. Nisan fällt, gekreuzigt. Da die Israeliten ihren Kalender nach einem Mondjahr ausrichteten, begann jeder Monat mit einem Neumondstag. Ist aber am 1. eines Monats Neumond, so ist am 14. des Monats Vollmond, dann also eine Sonnenfinsternis unmöglich. Deshalb darf man bei der in den Evangelien angegebenen Finsternis an die Finsternis übernatürlichen Ursprungs denken. Das wird vom griechischen Grundtext her erhärtet, der für „Finsternis" das Wort *skotos* benutzt, das gleiche, das bei der Gefangennahme Jesu in Gethsemane verwendet wird, wo Jesus sagt: „Aber dies ist eure Stunde und die Macht der Finsternis" (Luk. 22,53).

So möchte ich annehmen, daß in jenen drei Stunden die Augen der Dabeistehenden für das Unsichtbare so weit geöffnet wurden, daß sie den Einbruch der Finsternis sahen. Nur Jesus aber nahm wahr, wie sich das gesamte Heer der Finsternismächte auf ihn stürzte, ihn bedrängte, quälte und versuchte mit allen Mitteln ihrer List, Bosheit und Brutalität – und das an dem durch körperliche und seelische Schmerzen aller Art geschwächten Leib des Gekreuzigten! Hier hat man Leiden und Versuchtwerden in eins zu sehen, wie es der Hebräerbrief aussagt: „Worin er selber gelitten hat und versucht worden ist, kann er denen helfen, die versucht werden" (Hebr. 2,18). Ferner: „Wir haben nicht einen Hohenpriester, der nicht könnte mitleiden mit unserer Schwachheit, sondern der versucht worden ist in allem wie wir, doch ohne Sünde" (Hebr. 4,15). Im allgemeinen denkt man nur an die körperlichen Leiden Jesu am Kreuz, die überaus schwer waren. Aber sie waren nichts gegen die seelische und geistige Tortur, die Satan Jesus durch Menschen, die spottend vorübergingen, und durch seine dämonischen Heerscharen in jenen drei Stunden der Mittagsglut erleiden ließ. Sein ganzes teuflisches Heer hat er gegen Jesus losgelassen, um ihm noch in den letzten Minuten das Nein gegen Gott zu entreißen. Und es ist ihm nicht gelungen! Jesus war und blieb der Stärkere, auch als Mensch (der er während der Verlassenheit am Kreuz nur war), und hat Satan überwunden.

Und dieser Sieg wurde erkämpft, obwohl Jesus ganz von Gott verlassen war. Er betete offenbar den Psalm 22. Dieser beginnt mit den Worten: „Mein Gott, mein Gott, warum hast du mich verlassen?" Das sollte allen, die die Schriften kannten und kennen, die Augen dafür öffnen, daß mit dem Geschehen am Kreuz wiederum ein Wort der Prophetie erfüllt ist.

Warum aber war Jesus von Gott verlassen? Ich meine, die Antwort ist klar: Weil Gott die Sünden der ganzen Menschheit auf Jesus gelegt und ihn, der von keiner Sünde wußte, für uns zur Sünde gemacht hatte. Deshalb hat Gott sich von Jesus zurückgezogen, denn die Heiligkeit Gottes verträgt keine Gemeinschaft mit der Sünde. In den drei Stunden, in denen Jesus dem konzentrierten Angriff Satans ausgesetzt war, *war er wirklich Mensch*.

Nun erst konnte Satan an ihn heran und stieß zu mit allen Mitteln, die ihm zu Gebote standen. Gott aber ließ das zu! Denn dadurch widerfuhr dem Versucher die Gerechtigkeit, die ihm gebührte. *Er wurde von einem Menschen überwunden, einem Menschen nach Gottes Herzen.* Weil Satan im Paradies einen Menschen, der von keiner Sünde wußte, zum Ungehorsam gegen Gott verführt hatte, war dies die angemessene, ihn tief demütigende Strafe, daß er von einem Menschen ohne Sünde überwunden wurde. So war es Gottes gerechter Wille, und deshalb mußte Jesus so sterben, wie es auf Golgatha geschah. Zugleich wurde so die Macht der Sünde gebrochen. Die glaubensmäßige Verbindung Jesu mit dem Vater war auch in der größten Einsamkeit und Belastung vorhanden.

Das *wichtigste am Kampf Jesu war sein Sieg.* Er hat gegen Satan gesiegt und damit den Fürsten dieser Welt gerichtet.

„Es ist vollbracht!" Dieses königliche Wort Jesu zeigt den Sieg an. Was im einzelnen in diesem Kampf geschah, was überhaupt vor sich ging, verschweigen die Evangelien. Sie berichten vom Einbruch der Finsternis und vom Sieg Jesu. Erst später, nach der Auferstehung Jesu, als er seinen Jüngern die Schriften auslegte, ging ihnen Näheres auf. So bezeugen erst die Briefe des Neuen Testaments die Bedeutung des Kreuzes. Auch der Hebräerbrief sagt mehr aus, wie bereits angeführt wurde. Von da her sollen wir wissen, was Jesus für uns gelitten und auf sich genommen hat. Nicht nur unsere Sünden, auch alle unsere Anfechtungen hat er an sein Kreuz hinaufgetragen und für uns gebüßt!

Wenn wir an seinen Tod denken, wie er sich bei der Einsetzung des Abendmahles gewünscht hat, sollen wir in Dankbarkeit und Anbetung innewerden: Bei den Angriffen der Finsternismächte in Gethsemane und auf Golgatha *hat Jesus alle unsere Anfechtungen zutiefst erfahren, durchlitten und überwunden.* Dazu gehören alle Begierden, Leidenschaften, Zweifel; alle Selbstsucht, Eitelkeit, Hoffart; alle Schmerzen, Leiden, Ängste; alle Unterdrückung, Zurücksetzung, Verfolgung; alle Verleumdung, Trübsal, Verzweiflung; aller Stolz, Geiz, Neid; aller Haß, Unfrieden, Mord; alle Ungerechtigkeit, Brutalität, Lästerung; alles gegen Gottes Willen Gerichtete. Und jedes hat Jesus so intensiv erfahren und erlitten, daß wir es jahrelang erleiden müßten, um es nachempfinden zu können. Für einen jeden Menschen hat Jesus das auf sich genommen und damit die Welt und den Feind überwunden. Deshalb vermag er in alledem jedem zu helfen, der sich von ihm helfen lassen will. Und wer als Glaubender in Anfechtung gerät, braucht Jesus nur zu bekennen, worum es geht, und ihn um seinen Beistand zu bitten, d.h. den Bereich der Anfechtung bewußt und freiwillig unter die Herrschaft Jesu zu geben. Jesus kann jedem, der ernsthaft will, die Kraft zur Überwindung der Anfechtung geben. Wer sich danach ausstreckt, wird erfahren, daß es gilt, was die Bibel sagt: „Das Wort vom Kreuz ist eine Gotteskraft uns, die wir selig werden."

Wir wollen also festhalten: Das wichtigste am Leben Jesu ist sein Sterben, das wichtigste an seinem Sterben ist sein Kampf, das wichtigste an seinem Kampf ist sein Sieg. In diesem Sinne ist Jesu Tod die Erfüllung seines Lebens, die Vollendung des Auftrags, zu dem ihn der Vater gesandt hatte. *Nicht nur, daß er starb, sondern daß er kämpfend und siegend sein Leben dahingab, ist das Opfer, das er brachte, ist der Grund für unsere Errettung und für seine Verherrlichung.* Doch auf welchem Hintergrund spielte sich das alles ab? Warum war es notwendig, daß er ein Leben in Niedrigkeit unter Menschen führte und dann sein Leiden, Sterben und Kämpfen auf sich nahm? Ursache ist das menschliche Verlorensein und der göttliche Wille, jeden Menschen daraus zu erretten. Im Garten Eden war es der erste Adam, der durch seinen Ungehorsam, durch sein Nein zu Gott die Trennung des Menschen von Gott herbeiführte. Diese Sonderung zwischen Mensch und Gott ist die Sünde, in der seitdem alle Menschen leben.

Dieses Nein des ersten Adam ist vom Menschen her nicht aufhebbar. Nur Gott kann es auslöschen. Daher war ein besonderer Weg zu ersinnen und zu bahnen, den Gottes Liebe und Gottes Gerechtigkeit in gleicher Weise gutheißen konnten – ein Weg, auf dem die Errettung der Menschen zu verwirklichen war. Diesen Weg ging Jesus; dieser Weg ist Jesus.

Im Garten Gethsemane hat er als der zweite Adam sein Ja zu Gott gesprochen, indem er nach dem Willen Gottes den Weg zum Kreuz und ans Kreuz ging und *sich sein Ja zu Gott auch nicht unter dem mörderischen Ansturm aller Finsternismächte entreißen ließ. Seitdem gilt, daß eines Menschen Ja zum Ja Jesu für ihn das Nein des ersten Adam aufhebt und in die Gemeinschaft zu Gott zurückführt.* Einen anderen Weg zur Versöhnung mit Gott gibt es nicht. Nur das Ja zum Ja Jesu in Gethsemane und am Kreuz, durch seinen siegreichen Kampf und Gehorsam bis zum Tode besiegelt, gibt uns die Rechtfertigung, die vor Gott gilt.

6.3 Jesus im Totenreich

Die Aussage im Glaubensbekenntnis „hinabgestiegen in das Reich des Todes" wird meist nur dahin verstanden, daß Jesus im Grabe in der Erde geruht habe. Das Neue Testament sagt aber viel mehr darüber aus. Ich versuche im folgenden, anhand der biblischen Texte festzustellen, was eigentlich mit der Aussage vom Totenreich gemeint ist.

Sie orientiert sich offensichtlich an dem Text im 1. Petrusbrief, der bezeugt, daß Jesus – „getötet nach dem Fleisch, aber lebendig gemacht nach dem Geist – in diesem auch hingegangen ist und gepredigt hat den Geistern im Gefängnis, die vorzeiten nicht glaubten, da Gott harrte und Geduld hatte zur Zeit Noahs, als man die Arche baute" (1. Petr. 3,18-20).

Das wird erkenntnismäßig ergänzt durch die weitere Aussage: „Denn dazu ist auch den Toten das Evangelium verkündigt, daß sie zwar nach Menschenweise gerichtet werden im Fleisch, aber nach Gottes Weise das Leben haben im Geist" (1. Petr. 4,6).

Damit macht die Heilige Schrift deutlich, daß Jesus nicht wie ein sterblicher Mensch nach dem Tode passiv dem Totenreich eingegliedert wurde, sondern als Lebendiger hinging in des Todes Reich. Der Tod ist wie Satan eine personhafte Macht, sein Reich die Stätte von Seelen gestorbener Menschen (1. Kor. 15,55; Offb. 20,13-14).

Im Totenreich hat Jesus als Herr über den Tod seinen irdischen Auftrag, zu dem ihn der Vater gesandt hatte, in gleicher Weise fortgesetzt. Er predigte dort, wie es ihm auch auf Erden das wichtigste war. Seine Predigt galt insbesondere *den* Menschen, d.h., ihren Seelen, den „Geistern", die vor der Sintflut gelebt hatten. Er erfüllte so den umfassenden Willen Gottes, welcher will, daß allen Menschen geholfen werde und sie zur Erkenntnis der Wahrheit kommen (1. Tim. 2,4).

Zu beachten ist hierbei, daß Jesus im Totenreich zu Menschen predigt, die niemals von ihm gehört hatten. Das darf dahin ausgelegt werden, daß die „Verkündigung des Evangeliums an Tote" (1. Petr. 4,6) nur geschieht, falls diese als Lebende nicht die Möglichkeit einer Entscheidung für oder gegen Jesus hatten.

Es gab und gibt zu allen Zeiten zahllose Menschen, denen niemals die Botschaft von Jesus gesagt wurde oder gesagt werden konnte. Doch wer zu seiner Lebenszeit die Botschaft des Evangeliums richtig gehört, sie bedacht und sich gegen sie entschieden hat, wird sie im Totenreich nicht noch einmal verkündigt bekommen.

Wo liegt und was ist es um das Reich des Todes? In der früheren Form des Glaubensbekenntnisses hieß es: „niedergefahren zur Hölle". Die jetzige Fassung spricht richtig vom Reich des Todes. Martin Luther hat das griechische Wort *hades* im Neuen Testament vielfach mit Hölle übersetzt, obgleich es Totenreich bedeutet. Das griechische Wort für Hölle ist *gehenna* (hebräisch *geenna*). Es kommt im Neuen Testament ebenfalls vor, z.B. Matth. 10,28.

Man ist versucht, bei der Formulierung „hinabgestiegen" bzw. „niedergefahren" an das überholte naive Weltbild von den drei „Stockwerken" Himmel, Erde und Hölle zu denken. Wenn es auch historisch, aus der Zeit der Formulierung des apostolischen Glaubensbekenntnisses, so zu verstehen ist, braucht diese Einstellung nicht beibehalten zu werden. Sowohl Himmel wie auch Totenreich und Hölle existieren, befinden sich aber nicht in der sichtbaren Welt, im Weltall, sondern in der unsichtbaren Welt.

Darin besteht ja die eigentliche Schau der Bibel über die Welt um uns, daß sie neben der sichtbaren Welt von einem Unsichtbaren weiß und diese beiden Wirklichkeiten nicht als ein Übereinander oder ein Umeinander, sondern als ein Ineinander sieht.

In der unsichtbaren Welt darf man sich groß und weit ausgedehnt das Reich des Lichtes denken, den Himmel, in dem Gott lebt: „Gott wohnt in einem Licht, zu dem niemand kommen kann" (1. Tim. 6,16). Im Reich des Lichtes ist jetzt auch Jesus, der auferstandene und erhöhte Herr, und sind auch die himmlischen Heerscharen. Im Unsichtbaren befinden sich aber ebenfalls das Reich der Finsternis und die Hölle.

Im Lukasevangelium (16,19-31) gibt Jesus einen gewissen Einblick in unser Sein nach dem Tode. Bei der Erzählung vom reichen Mann und armen Lazarus handelt es sich nicht um ein Gleichnis, sondern um einen Tatsachenbericht. Der arme Lazarus – daß von ihm (im Gegensatz zum reichen Mann) der Name genannt wird, ist ein Hinweis darauf, daß er im Buch des Lebens steht – wird von Engeln in Abrahams Schoß getragen; er gelangt zur himmlischen Ruhe, hat Zugang zum Wasser des Lebens. Der Reiche kommt in das Totenreich *(hades),* an einen Ort der Qual. Gewissensbisse sind es, die ihn peinigen, und er lechzt nach dem Wasser des Lebens, mit dem Lazarus ihn erquicken soll.

Ich verzichte auf eine nähere Ausdeutung und verweise nur auf die große Kluft (Vers 26) zwischen beiden Bereichen. Diese Kluft darf als Trennung zwischen dem Reich des Lichtes und dem Reich der Finsternis angesehen werden und dem entsprechend der Ort der Ruhe (Abrahams Schoß oder Paradies) als Vorhof zum Reich des Lichtes, der Ort der Pein (Totenreich, Hades) als Vorhof zum Reich der Finsternis. In dem einen werden nach dem Tode die Seelen derer versammelt, deren Namen bereits im Buch des Lebens stehen, in dem anderen die übrigen Seelen, über deren Schicksal Jesus im Jüngsten Gericht entscheiden wird (Offb. 20,12).

Für das Reich des Todes gibt es zwei entscheidende Hinweise im Neuen Testament. Der eine ist Jesu Antwort auf eine Zeichenforderung der Pharisäer, in der er ihnen kein anderes Zeichen verheißt als das Zeichen des Propheten Jona: „Wie Jona drei Tage und drei Nächte im Bauch des Fisches war, so wird der Menschensohn drei

Tage und drei Nächte im Schoß der Erde sein" (Matth. 12,40). Hier geht es nicht darum, daß Jesus drei Tage im Grabe ruhen würde, sondern daß er diese Zeit im Reich des Todes wirken werde.

Das wird bestätigt durch ein Zeugnis von Paulus: „Daß er aber aufgefahren ist, was ist das anderes, als daß er auch hinuntergefahren ist in die untersten Örter der Erde" (Eph. 4,9).

Aus der biblischen Sicht des Ineinander von sichtbarer und unsichtbarer Welt ergibt sich also, daß das Totenreich und damit das ganze Reich der Finsternis *dem* Teil des Unsichtbaren angehört, der die Erdkugel durchdringt. Und daß von den untersten Örtern die Rede ist (in der Mehrzahl), deutet wohl darauf hin, daß das Reich des Todes mehrere Schichten aufweist und Jesus bis zu den untersten hinabgestiegen ist. Dort hat er die drei Tage und drei Nächte gewirkt, von denen er geredet hat. Als er am Sonntag nach dem Tode am Kreuz, am „dritten Tage", der Maria Magdalena am Felsengrab erschien, sagte er ihr: „Ich bin noch nicht aufgefahren zum Vater" (Joh. 20,17), d.h. Jesus kam aus dem Reich des Todes, aus dem Unsichtbaren im Erdinnern. Er war noch nicht zum Reich des Lichtes hinaufgestiegen, das sich (im Unsichtbaren) in allen Richtungen von der Erde weg außerhalb der Erde befindet.

Jesu Weg vom Kreuz hinweg läßt sich also deutlich verfolgen. Mit dem Wort: „Vater, ich befehle meinen Geist in deine Hände" (Luk. 23,46) gibt er seine Göttlichkeit, seine Reinheit, das Unsterbliche in ihm an den Vater zurück. Seine Person geht in das Unsichtbare hinüber und empfängt neu, wessen er sich zuvor für seine Menschwerdung entäußert hatte (Phil. 2,7). In dem Herrlichkeitsleib, den er damit zurückerhält, geht er ins

Paradies, den Vorhof zum Reich des Lichtes. Denn dem bußfertigen Schächer am Kreuz neben ihm hatte er zugesagt: „Heute wirst du *mit mir* im Paradiese sein" (Luk. 23,43). Die Seele dieses Schächers bleibt im Paradies, Jesus aber geht über die große Kluft (Luk. 16,26) – die für ihn, als den Herrn über alles, kein Hindernis darstellt – ins Reich des Todes und predigt dort den „Geistern im Gefängnis". Am ersten Tag der Woche, dem Sonntag nach der Kreuzigung, erscheint er einige Male den Frauen und den Jüngern, geht aber wieder zurück ins Totenreich, bis er nach dreimal 24 Stunden (Matth. 12,40) zum Vater ins Reich des Lichtes aufsteigt.

Bei alledem darf nicht vergessen werden, daß Jesus wirklich gestorben ist. Denn nur sein Tod erlöst uns Menschen von der Strafe, die auf uns als Gottlosen von Gott her gelegt ist. Wir wissen, daß Jesus gestorben ist für unsere Sünden nach der Schrift und daß er begraben worden ist (1. Kor. 15,3-4). Jesus hat sein Leben gegeben zu einer Erlösung für viele (Matth. 20,28); er ist für uns Gottlose gestorben (Röm. 5,6); wir sind mit Gott versöhnt durch den Tod seines Sohnes (Röm. 5,10); alle, die in Jesus Christus getauft sind, die sind in seinen Tod getauft, und wir sind mit ihm begraben durch die Taufe in den Tod (Röm. 6,3-4).

Was mit dem Weg Jesu vom Kreuz zum Vater beschrieben ist, ist nichts anderes als die schwer verständliche Wahrheit seines Wortes an Martha (Joh. 11,25): „Ich bin die Auferstehung und das Leben. Wer an mich glaubt, der wird leben, ob er gleich stürbe." Dieses Wort gilt für ihn selber zuallererst.

Doch die Frage bleibt: Was geschah mit dem Leichnam Jesu? Er wurde am Freitagabend vor Beginn des Rüsttages durch Joseph von Arimathia und Nikodemus vom Kreuz abgenommen, einbalsamiert, in leinene Tücher gewickelt und in ein Felsengrab gelegt (Joh. 19,38-42). Am Sonntagmorgen darauf aber war das Grab leer bis auf die Leinentücher, die unversehrt dalagen (Joh. 20,5-6). Die Fürsorge der beiden Männer, den Leichnam vor Verwesung zu schützen, ebenso die Fürsorge der Frauen, die am Sonntag früh am Morgen mit viel Spezereien zum Grab gingen, um das (wegen des herannahenden Rüsttages) durch die Männer nur eilig vorgenommene Einbalsamieren vorschriftsmäßig zu vollenden, wurde Jesus aus größter Ehrfurcht und Liebe dargebracht, war aber völlig überflüssig.

Gott hat selbst für alles gesorgt. Darauf weist insbesondere Petrus unter Berufung auf Psalm 16 in seiner Pfingstpredigt hin, als er ausführt: „Du wirst meine Seele nicht bei den Toten lassen, auch nicht zugeben, daß dein Heiliger die Verwesung sehe" (Apg. 2,27). Und weiter: „Da David ein Prophet war ..., hat er's vorausgesehen und geredet von der Auferstehung des Christus, daß er nicht bei den Toten gelassen ist und sein Leib die Verwesung nicht gesehen hat" (Apg. 2,30-31).

Und Jesus selbst hat es vor seinem Tod angedeutet, bei der Salbung in Bethanien, als er die Frau, die ihn mit einem kostbaren Nardenöl salbt, vor den Vorwürfen der Jünger in Schutz nimmt: „Sie hat getan, was sie konnte; sie hat meinen Leib im voraus gesalbt zu meinem Begräbnis" (Mark. 14,8). Deshalb darf man annehmen, daß Gott durch sein Wort den Leichnam seines Sohnes, sobald er ins Grab gelegt war, mit gebietender Kraft ins Nichtsein hinweggenommen hat. Denn der dem, was nicht ist, ruft, daß es sei (Röm. 4,17), kann auch dem, das ist, rufen, daß es nicht sei. So hat mit dem irdischen Leib Jesu begonnen, was er selber vorausgesagt hat: Himmel und Erde werden vergehen (Matth. 24,35). Das leere Grab gehört auch zu den großen Taten Gottes, vor denen wir uns nur staunend und in Ehrfurcht beugen sollen.

6.4 Erscheinen des Auferstandenen

Was bedeutet nun das Bekenntnis: Jesus ist von den Toten auferstanden? Worin liegen seine Schwierigkeiten?

Aus den Berichten der Evangelien ist klar zu erheben, daß es keinen Zeugen für die Auferstehung gegeben hat. Alles, was entdeckt wurde, erst von den Frauen, dann auch von einigen Jüngern, ist das leere Grab, ein Indiz, das für sich allein keine ausreichende Überzeugungskraft hat. Was aber hinzukommt – und für Gott ist das Zeugnis genug –, ist die Botschaft der Engel. Als die Frauen zum Grabe kamen, begegneten ihnen Engel, die sie zurechtwiesen: „Was sucht ihr den Lebenden bei den Toten? Er ist nicht hier, er ist auferstanden" (Luk. 24,5-6). „Kommt her und seht die Stätte, wo er gelegen hat" (Matth. 28,6). Um der entscheidenden Bedeutung willen, die Jesu Auferstehung für uns besitzt (1. Kor. 15,17-19), hat Gott Engel gesandt, die den Frauen am Grab verkündeten, was geschehen war. So haben wir nur aus dem Munde von Engeln das Zeugnis von Jesu Auferstehung.

Man darf hierin eine Parallele zur Geburt Jesu sehen, bei der des Herrn Engel zu den Hirten kam und sprach: „Siehe, ich verkündige euch große Freude ... denn euch ist heute der Heiland geboren, welcher ist Christus (Messias), der Herr, in der Stadt Davids" (Luk. 2,10-11). Wie über der Menschwerdung, so liegt auch über der Auferstehung Jesu ein Geheimnis im Handeln Gottes, zu dessen Deutung bzw. Bestätigung er Engel als seine Boten sandte. In seinem Handeln will Gott richtig verstanden werden. Das kann durch Menschen allein nicht geschehen.

Über Gottes Wirken bei der Geburt Jesu und über Jesu Weg nach dem Tode am Kreuz zurück zum Vater im Himmel habe ich in vorangehenden Abschnitten einiges zusammengetragen, um deutlich zu machen, wie beides vom Worte Gottes her ein neues Verständnis gewinnen kann.

Was nach der Auferstehung allein beobachtet werden konnte und worüber wir Zeugnisse von Menschen haben, sind die Erscheinungen des Auferstandenen. Doch bemerke ich schon jetzt, daß ein wichtiger Unterschied besteht zwischen der Person und den Erscheinungen des Auferstandenen. Zunächst gehe ich aber auf Verständnisschwierigkeiten ein.

Es weiß wohl jeder, der die Evangelien kennt, daß da so manches an scheinbaren Widersprüchen und Ungereimtheiten zu finden ist. Ich erwähne einige. Dabei halte ich mich – und das auch sonst im folgenden – an ein beachtenswertes Buch von Karsten Bürgener.[18] Er stellt sie so zusammen:

Nach Lukas bereiten die Frauen das Salböl und die Gewürze noch am Freitag nachmittag, nach Markus kaufen sie das erst nach Ablauf des Sabbats. Johannes berichtet nur von Maria Magdalena allein, daß sie das leere Grab entdeckt hat; nach Matthäus waren es zwei Frauen mit Namen Maria, die zum leeren Grab kamen; nach Markus waren es drei Frauen, und nach Lukas muß es eine ganze Reihe von Frauen gewesen sein. Nach Johannes und Lukas entdeckten die Frauen das leere Grab, ohne daß zunächst Engel in Erscheinung traten. Nach Markus und Matthäus war es dagegen ein Engel, der die Frauen auf die Tatsache des leeren Grabes aufmerksam machte. Nach Markus und Matthäus war es nur *ein* Engel, dem die Frauen am Grab begegneten, nach Lukas dagegen waren es *zwei* Engel. Nach Markus saß der Engel *im* Grab, nach Matthäus saß er *vor* dem Grab. Die beiden Engel, von denen Lukas berichtet, kommen dagegen von irgendwoher auf die Frauen zugetreten. Nach Markus richteten die Frauen die Botschaft, die ihnen die Engel aufgetragen hatten, nicht aus. Nach Matthäus dagegen liefen sie sogleich von der Gruft hinweg, um den Jüngern die Botschaft zu überbringen, und wenn er es auch offen läßt, ob es tatsächlich zur Ausführung der Absicht der Frauen gekommen ist, so berichtet doch zumindest Lukas, daß die Frauen vom Grab weg zu den Jüngern gegangen sind und ihnen anscheinend alles verkündigt haben. Nach Johannes kommt Maria Magdalena ebenfalls vom Grab zu den Jüngern und berichtet ihnen, was sie an diesem Morgen erlebt hat.

Das sind einige von den Ungereimtheiten, die viele Menschen immer wieder feststellen. Leider gibt es auch eine Reihe von Wissenschaftlern, die aufgrund dieser angeblichen Unstimmigkeiten zu der Überzeugung gekommen sind, man könne sich nicht auf die Auferstehungsberichte der Evangelien verlassen. Da sie so widersprüchlich erscheinen, müsse man in Zweifel ziehen, ob die Auferstehung Jesu wirklich geschehen ist. Und das erstreckt sich bis zu der letzten Aussage: Gott sei tot, d.h. Jesus sei im Grabe geblieben. Damit ist alles Illusion, was man von ihm erhofft hatte.

Ich möchte mich dieser Sicht keinesfalls anschließen, sondern versuchen, einiges von dem zu klären, was angeblich widersprüchlich ist. Dazu müssen wir unser

Denken überprüfen. Wir sind im Abendlande an ein lo-
gisch-diskursives Denken gewöhnt, d.h. an ein Denken
im Entweder-Oder: Eine Aussage kann nur entweder
richtig oder falsch sein. In der Bibel werden wir aber
häufig zu der Einsicht geführt, daß von zwei sich scheinbar widersprechenden Aussagen sowohl die eine als
auch die andere richtig sein kann. Daß z.B. die Frauen
nach dem Bericht des einen Evangelisten am Freitag-
nachmittag Spezereien und Salben zubereitet haben,
nach dem des anderen Evangelisten erst nach dem Sabbat Spezereien einkauften – warum soll man nicht beides
gelten lassen? Man kann doch annehmen, daß sie am
Freitag mit der Zubereitung angefangen haben, dann
aber merkten, es reicht nicht, und deshalb am Sabbat-
ende noch einiges dazukauften. Stets ist grundsätzlich zu
bedenken, daß die Evangelisten nicht wie Reporter
schreiben, die den Ablauf eines Ereignisses möglichst
umfassend herausarbeiten. Und das zweite, das man bedenken sollte, ist, daß im Nahen Osten eine andere
Denkweise vorherrscht, daß Menschen einer anderen
Kultur und Sprache anders denken, fühlen und handeln
als wir.

Die biblischen Berichte von der Auferstehung Jesu
Christi von den Toten sind uns von Menschen überliefert worden, die einer Kulturwelt angehörten, die von
der abendländischen völlig verschieden ist. Ihre Denk-
und Sprachgewohnheiten waren anders als die unsrigen.
Stößt man im Neuen Testament auf Schwerverständli-
ches oder scheinbar Widersprüchliches, so sollte man das
Unvermögen im Verstehen zuerst bei sich selber suchen.
Dazu will ich jetzt einen Weg aufzeigen, wie man die
Auferstehungsberichte einheitlich verstehen kann. Eine
völlige Harmonisierung ist nicht möglich, und darauf

sollte man auch verzichten. Daß aber bei Berücksichtigung damaliger Denk- und Ausdrucksweisen die Unterschiede abzumildern sind, das halte ich für notwendig und möglich. Wie gesagt, die Tatsache, daß Jesus auferstanden ist, wird nur von Engeln bezeugt, ist von Menschen nicht beobachtet worden, auch nicht von den Wächtern am Grabe. Ich erinnere an den Weg Jesu vom Kreuz zum Vater, wie ich ihn im vorangehenden Abschnitt dargelegt habe. Die Verkündigung durch Engel wird aber nur von den drei Synoptikern berichtet, den ersten drei Evangelisten. Johannes geht anders auf die Auferstehung ein. Ich möchte aus seinem Evangelium einen wichtigen Schlüssel für das Verständnis der Auferstehungsberichte erarbeiten.

Johannes veranlaßt uns zu zählen. Der Bericht von der Hochzeit in Kana schließt mit den Worten (Joh. 2,11): „Das ist das erste Zeichen, das Jesus tat, geschehen in Kana in Galiläa." Am Schluß von Kapitel 4 (Heilung des Sohnes des königlichen Hauptmanns) heißt es: „Das ist nun das zweite Zeichen, das Jesus tat, als er aus Judäa nach Galiläa kam."

Johannes zählt nicht weiter, aber wenn man die Berichte über die Wunder durchzählt, die Jesus nach dem Johannesevangelium getan hat, kommt man auf sieben Berichte. Und das war für Johannes sicher von Bedeutung. Die Zahl 7 war ihm in einem bestimmten Sinn vollkommen, und so sind ihm sieben Wunderberichte notwendig, aber auch hinreichend, um Jesus in einer vollkommenen Weise zu preisen. Abschließend erwähnt er (Joh. 20,30): „Noch viele andere Zeichen tat Jesus vor den Jüngern, die nicht geschrieben sind in diesem Buch. Diese aber sind geschrieben, damit ihr glaubt, daß Jesus der Christus ist, der Sohn Gottes, und damit ihr durch den Glauben das Leben habt in seinem Namen." Damit wird eine Zielsetzung bei Johannes deutlich: Die Wunderberichte sollen dazu helfen, an Jesus als den Sohn Gottes zu glauben. Aber es wird auch deutlich, daß Johannes nur eine Auswahl getroffen hat. Er hätte mehr und andere herausgreifen können aus der Vielzahl von Wundern, die Jesus getan hat.

Ich komme jetzt zu den Erscheinungen des Auferstandenen nach dem Johannesevangelium. Da ist zunächst das Erscheinen vor Maria Magdalena am Grab (Joh. 20,11-18), weiter am Abend desselben Tages das Erscheinen vor den Jüngern in Jerusalem (Joh. 20,19-23) und am Sonntag darauf vor den Jüngern mit Einschluß des Thomas (Joh. 20,24-29), zuletzt vor den Jüngern am See Tiberias (Joh. 21,1-14). Das sind im ganzen vier Berichte. Johannes schließt aber die Aufzählung mit den Worten: „Das ist nun das dritte Mal, daß Jesus den Jüngern offenbart wurde, nachdem er von den Toten auferstanden war." Diese Zählung kann man nur so verstehen, daß er das Erscheinen vor Maria fortläßt und nur die Erscheinungen vor den Jüngern zählt, wie auch der Wortlaut bezeugt.

Hierzu eine Bemerkung hinsichtlich der Übersetzung. Im griechischen Text steht (Joh. 21,14): *Touto ede triton ephanerothe Jesous tois mathetais*. Hier steht nicht der bestimmte Artikel *to triton*. Deshalb darf man nur übersetzen: ein drittes Mal. Auch das Wort „schon" für *„ede"* ist in der Lutherübersetzung nicht wiedergegeben. Richtig übersetzt lautet die Stelle: „Schon ein drittes Mal erschien Jesus den Jüngern." Auch bei der Zählung der Wunderberichte steht in der Übersetzung der bestimmte Artikel, wo nach dem griechischen Text ein unbestimmter stehen müßte.

Es geht Johannes beide Male um eine Auswahl, wie bei den Wundern so auch bei den Erscheinungen des Auferstandenen. Aus den anderen Evangelien wissen wir, daß weitere Erscheinungen geschehen sind, und aus dem Zeugnis des Paulus (1. Kor. 15), wer im einzelnen Jesus als Auferstandenen gesehen hat.

Fragt man sich, warum Johannes die Erscheinung vor Maria Magdalena fortläßt, so sehe ich zwei Gründe. Der erste scheint mir der wichtigere: „Durch zweier oder dreier Zeugen Mund soll eine Sache gültig sein", so heißt es im Alten Testament (5. Mose 19,15 u.a.). Mindestens zwei Zeugen mußten eine Sache übereinstimmend bezeugen, dann erst galt sie vor Gericht als zutreffend. Maria als einzelne war als Zeuge nicht zugelassen. Hinzu kommt als zweiter Grund, daß im Alten Testament das Zeugnis von Frauen nichts galt. Im Nahen Osten wurden und werden Frauen als untergeordnet angesehen. Beides jedenfalls veranlaßte Johannes, die Erscheinung vor Maria Magdalena nicht zu zählen. Nur drei Erscheinungen hat er ausgewählt. Und hier ist nun auch das „schon" zu beachten. Bereits zwei hätten genügt!

Wir werfen noch einen Blick in die anderen Evangelien. Bei Markus steht nichts über das Erscheinen des Auferstandenen. Sein Evangelium bricht ja vor dem jetzigen, wohl später angefügten Schluß unvermittelt ab. Was nach Vers 8 im Kapitel 16 steht, ist eine spätere Zusammenfassung. Dort werden zwei Marien genannt, aber außerdem die Begegnung mit den Emmausjüngern und die Erscheinung vor den elf Jüngern, also auch wieder zwei Offenbarungen vor männlichen Zeugen.

Bei Matthäus fällt ein Bericht über ein Erscheinen praktisch fort. Er bringt als Abschluß auch nur eine Zusammenfassung bis – wie man im allgemeinen annimmt – zur Himmelfahrt Jesu. Ihm genügt im Grunde wie auch Markus, daß Engel den Frauen bezeugt haben: Jesus ist auferstanden.

Bei Lukas steht mehr. Er hat seine Niederschrift sehr gründlich vorbereitet und viele Augen- und Ohrenzeugen befragt (Lukas 1,3). In seinen Auferstehungsberichten verzichtet auch er auf Erscheinungen vor Frauen. Er berichtet von einem Erscheinen vor Simon Petrus, von der Begegnung mit den Emmausjüngern und von dem Erscheinen am Sonntagabend in Jerusalem. Damit hält auch er sich an die Regel, daß zwei Zeugen notwendig sind, aber auch ausreichend.

Ich gehe jetzt auf die Zeugen ein, die Paulus in 1. Kor. 15 benennt. Dort heißt es in Vers 5-8: „... daß er gesehen worden ist von Kephas, danach von den Zwölfen. Danach ist er gesehen worden von mehr als fünfhundert Brüdern auf einmal, von denen die meisten noch heute leben, einige aber sind entschlafen. Danach ist er gesehen worden von Jakobus, danach von allen Aposteln. Zuletzt von allen ist er auch von mir als einer unzeitigen Geburt gesehen worden."

Hier hat Paulus der Vollständigkeit halber drei Einzelzeugen genannt: Kephas = Petrus, Jakobus und sich selbst. Aber er spricht natürlich auch von den Zwölfen und von allen Aposteln als Begegnungen mit mehreren Zeugen. Und auch Paulus nennt nur männliche Zeugen und faßt wohl unter „allen Aposteln" weitere Begegnungen zusammen, z.B. die mit den Emmausjüngern und die am See Tiberias. Völlig neu ist die Erwähnung der „fünfhundert Brüder auf einmal", von denen so in den Evangelien nicht berichtet wird.

Man könnte im Matthäusevangelium einen schwachen Hinweis darauf finden. Dort heißt es (Matth. 28,16ff.): „Aber die elf Jünger gingen nach Galiläa auf den Berg, wohin Jesus sie beschieden hatte. Und als sie ihn sahen, fielen sie vor ihm nieder, einige aber zweifelten. Und Jesus trat zu ihnen, redete mit ihnen und sprach: Mir ist gegeben alle Gewalt im Himmel und auf Erden. Darum gehet hin und machet zu Jüngern alle Völker: Taufet sie auf den Namen des Vaters und des Sohnes und des heiligen Geistes, und lehret sie halten alles, was ich euch befohlen habe. Und siehe, ich bin bei euch alle Tage bis an der Welt Ende."

Hier werden zwar nur die elf Jünger erwähnt. Ich meine aber, daß mit ihnen auch die fünfhundert Brüder eingeordnet werden können. Natürlich waren es die elf Jünger, die von Jerusalem dorthin gingen, aber sie waren wohl nicht die einzigen. Die Versammlung der fünfhundert Brüder hat stattgefunden. Paulus könnte sonst nicht davon berichten. Der Berg, zu dem Jesus sie beschieden hatte, könnte der Berg Tabor in Galiläa gewesen sein. Galiläa war die irdische Heimat Jesu. Dort hatte er die meisten Anhänger gefunden, und man könnte annehmen, daß die elf Jünger in seinem Auftrag in Galiläa herumgezogen sind und alle Gläubigen aufgeboten haben: Kommt auf den Berg Tabor. Jesus will euch als Auferstandener erscheinen. Das konnte nur mit Flüsterpropaganda geschehen. Da Schriftgelehrte und Hohepriester ihnen nachstellten, mußten sie vorsichtig sein. So könnten sich die fünfhundert Brüder auf dem Berg versammelt haben, und Jesus ist ihnen erschienen. Nur von ihnen könnte gelten: „einige aber zweifelten", nicht von den elf Jüngern. Diese waren alle, einschließlich des Thomas, davon überzeugt, daß Jesus auferstanden war. Und der Schluß von Matth. 28 erwähnt nichts von der Himmelfahrt Jesu.

Der Sendungsauftrag, den Jesus gibt, gilt allen, die an ihn glauben, nicht nur den damaligen Jüngern. Es erscheint mir bezeichnend, daß Jesus, als er vor seiner Himmelfahrt den Jüngern den Sendungsauftrag gibt (Apg. 1,8), Galiläa ausklammert: „Ihr werdet meine Zeugen sein in Jerusalem und in ganz Judäa und Samarien und bis ans Ende der Erde." Offensichtlich war Galiläa bereits stark vom Glauben an Jesus ergriffen, so daß die Jünger dort nicht mehr Zeugen zu sein brauchten. Auch das kann man als einen Hinweis dafür ansehen, daß die Versammlung der fünfhundert Brüder in Galiläa stattgefunden hat und deshalb dort zur Genüge bekannt war: Jesus ist auferstanden.

Diese Auslegung ist natürlich lediglich ein Versuch, Stellen in der Schrift, die nur etwas andeuten, als Ergänzung zueinander zu verstehen.

Zusammenfassend sei zu den Berichten von den Erscheinungen des Auferstandenen gesagt, daß die Evangelisten nicht die Absicht hatten, vollständig darüber zu berichten, daß jeder seine Akzente setzt und jeder eine bestimmte Auswahl trifft mit dem Ziel, eine Zeugenaussage im Sinne des Alten Testaments zu geben. Mit in diesen Rahmen gehören die fehlenden Zeit- und Ortsangaben. Im Matthäusevangelium ist der Schluß so knapp gehalten, daß man statt der Himmelfahrt Jesu auch die Versammlung der fünfhundert Brüder darin erkennen kann. Im Markusevangelium ist der angehängte Schluß eine Zusammenfassung bis zur Himmelfahrt. Das Lukasevangelium gibt eine ähnliche Zusammenfassung, so daß man meinen könnte, Ostern und Himmelfahrt fallen auf ein und denselben Tag.

Erst in der Apostelgeschichte berichtet Lukas, daß 40 Tage dazwischen lagen. Das sind alles Besonderheiten, die wir den Evangelisten als Männern ihrer Zeit und Kultur zubilligen müssen. Sie haben nur das Ziel, Menschen zum Glauben zu führen oder darin zu bestärken, aber nicht das Ziel, eine Chronologie der damaligen Ereignisse zu geben.

Neben fehlenden Orts- und Zeitangaben sind auch die Personenangaben häufig unvollständig, z.B. bei der Anzahl der Frauen, die am Sonntagmorgen zum Grab gingen. Doch muß man stets genau hinsehen, was geschrieben ist. In Joh. 20, 1-2 heißt es: „Am ersten Tag der Woche kommt Maria Magdalena früh, als es noch finster war, zum Grab und sieht, daß der Stein vom Grabe hinweg war. Da läuft sie und kommt zu Simon Petrus und zu dem anderen Jünger, den Jesus lieb hatte, und spricht zu ihnen: Sie haben den Herrn weggenommen aus dem Grabe, und wir wissen nicht, wo sie ihn hingelegt haben." Aus diesem „wir wissen nicht" geht eindeutig hervor, daß sie zusammen mit anderen Frauen am Grab gewesen war.

Und was die Begegnungen mit den Engeln betrifft, so muß man vor allem bedenken, daß es sich dabei um etwas höchst Außergewöhnliches gehandelt hat. Zweifellos waren mehrere Engel von Gott als Boten ausgesandt worden. Aber Engel sind Erscheinungen, die unvermittelt aus dem Unsichtbaren kommen und ebenso unvermittelt dorthin zurückgehen. Sie können einem Menschen begegnen, aber sie sind keine Menschen. Deshalb bleibt vollkommen offen, ob jede der Frauen alle Engel gesehen hat und ob die Engel sich jeder der Frauen gezeigt haben. Es hat sicher für jede der Frauen unterschiedliche Wahrnehmungen gegeben.

Nun noch ein letztes Problem: Was ist es um die Erscheinung des Auferstandenen? Mit was für einem Leib ist er erschienen? Ich knüpfe dazu an meine Auslegung im vorangegangenen Abschnitt an. Wenn es so gewesen ist, daß Jesu Geist vom Kreuz ins Paradies hinüberging und den Herrlichkeitsleib zurückerhielt, daß Jesus vom Paradies ins Totenreich hinabstieg, von dort den Jüngern und Frauen erschien und schließlich zum Vater ins Reich des Lichtes zurückging – wenn sich das so verhalten hat und sein Leichnam im Grab durch ein Wort des Vaters ins Nichtsein zurückgerufen worden war, mit welchem Leib erschien er dann den Jüngern?

Man bedenke dazu das Erscheinen des Auferstandenen vor Saulus auf dem Weg nach Damaskus (Apg. 9,3-9). Ihm ist Jesus ganz anders erschienen als den Jüngern – in einer Lichtgestalt, heller als der Sonne Glanz –, so daß Saulus erblindete und zu Boden stürzte. Das bedeutet, daß Jesus ihm in seinem Herrlichkeitsleib erschienen ist. So wie Gottes Kleid Licht ist, so ist auch Jesu Kleid, sein Herrlichkeitsleib, unvorstellbar helles, überirdisches Licht. Saulus konnte ihn nur für den Bruchteil einer Sekunde wahrnehmen und wurde blind. Denn wer Gott sieht, muß sterben. Aber er hörte Jesu Worte: „Saul, Saul, was verfolgst du mich?" Erschüttert fragte er zurück: „Herr, wer bist du?" Er wußte, es ist Gott, dem er begegnete. Die Begleiter des Saulus – das kann man in Apg. 9,7 und 22,9 nachlesen – haben zwar etwas gehört oder ein Licht gesehen, beides aber schwächer. So unterschiedlich offenbaren sich Wirkungen aus dem Unsichtbaren. Doch was geschehen sollte, geschah: Saulus wurde aus einem Verfolger ein Nachfolger Jesu.

Nun ist wohl klargeworden, daß Jesus den Frauen und Jüngern nicht wie Saulus in seinem Herrlichkeitsleib erschienen sein kann. Sie wären alle blind geworden oder hätten sterben müssen. Deshalb ist Jesus ihnen anders erschienen. In 1. Kor. 15 wird der mehrmalige Ausdruck „er ist gesehen worden" im Griechischen mit dem Wort *oophtee* wiedergegeben, dem Passiv von *opsomai* = sehen. Wörtlich übersetzt müßte es heißen: „Er wurde sichtbar gemacht." Damit ist gemeint: Er erhielt einen Leib des Sichtbaren, in dem die Frauen und Jünger ihn anschauen und erkennen konnten. Sein Erscheinen ist jedesmal mit einer Verwandlung verbunden – aus dem Herrlichkeitsleib, den er im Unsichtbaren trägt, in einen Leib des Sichtbaren, einen „irdischen" Leib. Als Beleg dafür nenne ich das biblische Gegenstück, daß die Gläubigen, die die Wiederkunft Jesu erleben, in einem Augenblick verwandelt werden, damit sie ins Unsichtbare hinübergebracht werden können (1. Kor. 15,50–53). Dies Verwandeln geschieht von Gott her, aber nicht durch magische Veränderung, daß der Leib verklärt oder veredelt wird. Nein, alles in der Welt muß vergehen, und Gott macht alles neu. So läßt er jeden Leib von Gläubigen bei der Wiederkunft Jesu vergehen durch sein gebieterisches Wort: Vergehe! – wie es mit Jesu Leib geschehen ist – und setzt sofort durch sein schöpferisches Wort unserem inwendigen Menschen den neuen Leib für das Leben in der unsichtbaren Welt.

Den entsprechenden Vorgang – nur in der umgekehrten Richtung – hat Jesus bei seinen Erscheinungen erfahren. Sein Herrlichkeitsleib wurde in einem Augenblick in einen Leib der sichtbaren Welt verwandelt. Darum geht es bei den Erscheinungen des Auferstandenen. In der unsichtbaren Welt (die ja alles Sichtbare durchdringt) ging er bis in den Raum hinein, in dem die Jünger versammelt waren, und machte sich plötzlich sichtbar mit einer Gestalt der sichtbaren Welt, so daß sie heftig erschraken und meinten, sie sähen ein Gespenst. Die Jünger von Emmaus, die mit ihm wanderten, ohne ihn zu erkennen, und ihn einluden, das Abendessen mit ihnen einzunehmen, erlebten ihn „handgreiflich", wie er das Brot nahm, dankte und es brach – da wußten sie plötzlich: Es ist der Herr! Er aber verschwand vor ihren Augen. Wohin? Zurück in die unsichtbare Welt, zurückverwandelt in den Herrlichkeitsleib.

So kam Jesus bei jedem Erscheinen aus der unsichtbaren Welt, erschien diesem und jenem in einem Leib des Sichtbaren und ging zurück in das Unsichtbare. Entsprechendes geschieht auch, wenn ein Engel Menschen erscheint. Und Jesu Erscheinen ist immer wieder anders gewesen, wie es z.B. in Mark. 16,12 bezeugt wird: „Er offenbarte sich in einer anderen Gestalt zwei Jüngern" (denen von Emmaus). Immer wieder hat Jesus von Gott neu einen irdischen Leib erhalten, wenn er erscheinen sollte. Dieser brauchte nicht immer die Wundmale zu tragen, aber in besonderen Fällen – am ersten Sonntagabend und vor Thomas – erschien Jesus auch mit den Wundmalen. Daß er Saulus in dem Herrlichkeitsleib erschien, hängt mit der Erwählung und Berufung des Saulus zusammen. Er war dazu bestimmt, den elf Aposteln an Judas' Stelle zugeordnet zu werden.

Einen bemerkenswerten Vorgang im Zusammenhang mit Tod und Auferstehung Jesu berichtet Matthäus: „Und siehe, der Vorhang im Tempel zerriß in zwei Stücke von oben an bis unten aus. Und die Erde erbebte, und die Felsen zerrissen, und die Gräber taten sich auf, und viele Leiber der entschlafenen Heiligen standen auf und gingen aus den Gräbern nach seiner Auferstehung

und kamen in die heilige Stadt und erschienen vielen"
(Matth. 27,51-53).

Diese schwerverständliche Stelle läßt sich mit aller
Vorsicht dahin deuten, daß bis zum Tode Jesu auch die
Heiligen des Alten Bundes nach ihrem Tode im Totenreich „zu den Vätern versammelt" wurden und daß erst
mit dem Tode Jesu ein Neues begann, wie er es in Luk.
16,19-31 an zwei erdachten Gestalten beschrieben hat.
Zum Zeichen für das Neue kamen viele Heilige aus
ihren Gräbern, um mit Jesu Auferstehung – wie der
Schächer am Kreuz – ins Paradies überführt zu werden. Jedenfalls macht auch diese Stelle deutlich, daß das
neue Lebendigsein Jesu, seine Auferstehung, im Grunde
mit seinem Weg vom Kreuz zum Vater begonnen hat
(vgl. S. 100f.).

Die Aussage des Glaubensbekenntnisses: „Am dritten
Tage auferstanden von den Toten", ist jedenfalls dahin zu
verstehen, daß der Todestag Jesu, der Freitag, als erster
Tag, der Sonnabend als zweiter Tag, der Sonntag als drit-
ter Tag gezählt wird und Jesus an diesem dritten Tage *von
den Toten,* d.h. aus dem Totenreich kommend, als Auferstandener erschien, nicht aber in der Weise, daß er am
dritten Tag lebendig seinem Grab entstieg.

Mir scheint, Johannes hat neben seinen Ausführungen
zum leeren Grab und zu den Erscheinungen des Auferstandenen bewußt vorher das Wunder der Erweckung
des Lazarus gebracht (der auch in einem Felsengrab be-
stattet worden war), um damit deutlich zu machen, daß
wir das Geschehen an Jesus so nicht verstehen sollen.
Mit der Auferstehung Jesu ist etwas viel Größeres und
Gewaltigeres geschehen, als daß nur ein Toter wieder lebendig gemacht wurde.

7. Kapitel

Jesu Himmelfahrt und Wiederkunft

7.1 Die sogenannte Himmelfahrt

Jahrhundertelang hat die Christenheit unter Himmelfahrt Jesu ein Auffahren von der Erde durch den Weltraum hindurch in einen hoch über den Wolken gedachten „Himmel" verstanden. Dann aber stellte sich der „gestirnte Himmel über uns" sehr nüchtern als ein riesiges Sternensystem im Weltall, die Milchstraße, heraus. Nach und nach wurden weitere derartige Sternensysteme, Galaxien genannt, im Weltall entdeckt. Dieses weitete sich immer mehr, scheinbar ins Unendliche. Alles war nur noch Kosmos, nichts mehr war Himmel im Sinne eines göttlichen Wohnraums. Es blieb noch der Name für einen Feiertag, doch der zugrundeliegende Sachverhalt war unglaubhaft geworden.

Muß nun der gläubige Christ sich damit abfinden – gegen alle Aussagen der Bibel von den großen Taten Gottes? Nein, keineswegs! Aber was ist es um den Himmel? Ist Jesus nicht zur Rechten Gottes erhöht? Wird er nicht von dort, wie verheißen, wiederkommen? Doch – es bleibt alles wahr. Das Wort Gottes gilt und ist lebendig genug, um jedem, der bereit ist zu hören, zu jeder Zeit das Richtige zu sagen. Man muß nur willig sein, tiefer in das Zeugnis der Bibel einzudringen. Man braucht das Wissen um das Unsichtbare und muß zurückgreifen auf die inhaltlichen Aussagen des griechischen Grundtextes des Neuen Testaments. Erst dann erkennt man die Wahrheit. Dazu vergegenwärtigen wir uns die Texte, in denen vom Weggang Jesu gesprochen wird.

„Jesus trat herzu und sprach zu ihnen: Mir ist gegeben alle Gewalt im Himmel und auf Erden. Darum gehet hin und machet zu Jüngern alle Völker: Taufet sie auf den Namen des Vaters und des Sohnes und des heiligen Geistes und lehret sie halten alles, was ich euch befohlen habe. Und siehe, ich bin bei euch alle Tage bis an der Welt Ende" (Matth. 28,18-20).

„Nachdem der Herr Jesus mit ihnen geredet hatte, wurde er aufgehoben gen Himmel und setzte sich zur rechten Hand Gottes. Sie aber zogen aus und predigten an allen Orten. Und der Herr wirkte mit ihnen und bekräftigte das Wort durch die mitfolgenden Zeichen" (Mark. 16,19-20).

„Er führte sie aber hinaus bis nach Bethanien und hob die Hände auf und segnete sie. Und es geschah, als er sie segnete, schied er von ihnen und fuhr auf gen Himmel. Sie aber beteten ihn an und kehrten zurück nach Jerusalem mit großer Freude und waren allezeit im Tempel und priesen Gott" (Luk. 24,50-52).

„Und als er das gesagt hatte, wurde er zusehends aufgehoben, und eine Wolke nahm ihn auf vor ihren Augen weg. Und als sie ihm nachsahen, wie er gen Himmel fuhr, siehe, da standen bei ihnen zwei Männer in weißen Kleidern. Die sagten: Ihr Männer von Galiläa, was steht ihr und seht zum Himmel? Dieser Jesus, der von euch weg gen Himmel aufgenommen wurde, wird so wiederkommen, wie ihr ihn habt gen Himmel fahren sehen" (Apg. 1,9-11).

Soviel sagt uns das Neue Testament in der Lutherübersetzung zu dem Vorgang, der als Himmelfahrt Jesu bekannt ist. Matthäus zwar kommt auf diesen Vorgang gar nicht zu sprechen. Wie auf S. 111 ff. ausgeführt, paßt die Schilderung bei Matthäus besser zu der Versammlung der fünfhundert Brüder, von der Paulus in 1. Kor. 15 spricht. Auch bei Johannes findet sich nichts von der Himmelfahrt. Bei Markus wird sie (in dem nachträglich angegliederten Schluß) nur kurz abgehandelt. Genaueres gibt allein Lukas, im Evangelium sowohl wie in der Apostelgeschichte. Eindeutig ergibt sich hier als Ort des Abschieds der Ölberg zwischen Jerusalem und Bethanien.

Um zu erkennen, was der biblische Grundtext unter dem Vorgang der Himmelfahrt wirklich versteht, muß man sich, wie bereits gesagt, die Bedeutung der griechischen Worte klarmachen, in denen der Vorgang beschrieben wird. Für Martin Luther, der noch zu einer Zeit lebte, in der das naive Weltbild gültig war, bestand keine Schwierigkeit, sich das Weggehen Jesu als ein Auffahren von der Erde zu einem über den Wolken gedachten Himmel vorzustellen. Er hat deshalb in seiner Übersetzung ohne Bedenken den Ausdruck „aufgefahren gen Himmel" gebraucht. Aber wir Heutigen müssen uns darüber klar sein, daß hierbei unwillkürlich das Weltbild des Übersetzers in die Übersetzung eingeflossen ist. Daher ist es notwendig, diese Übersetzung zu überprüfen.

In den eingangs aufgeführten Texten sind die folgenden griechischen Worte von Bedeutung. In Mark. 16,19: *analambano,* übersetzt mit aufheben (ward er aufgehoben gen Himmel). In Luk. 24,51: *anaphero,* übersetzt mit auffahren (und fuhr auf gen Himmel). In Apg. 1,9: *epairo,* übersetzt mit aufheben (ward er aufgehoben). In Apg. 1,10: *poreuomai,* übersetzt mit auffahren (wie er gen Himmel fuhr). In Apg. 1,11: *analambano,* übersetzt mit aufnehmen (aufgenommen gen Himmel), und *poreuo-*

mai, übersetzt mit auffahren (wie ihr ihn habt gen Himmel fahren sehen).

Nach dem Wörterbuch zum Neuen Testament von W. Bauer bedeuten nun *analambano* aufnehmen, *anaphero* hinaufheben, *epairo* aufheben, *poreuomai* gehen.

Es müßten die angesprochenen Stellen richtig übersetzt werden wie folgt: Mark. 16,19: wurde er aufgenommen in den Himmel; Luk. 24,51: und wurde hinaufgehoben in den Himmel; Apg. 1,9: wurde er aufgehoben; Apg. 1,10: wie er in den Himmel ging; Apg. 1,11: aufgenommen in den Himmel, bzw. wie ihr ihn habt in den Himmel gehen sehen.

Für die Deutung des Vorgangs sollte maßgeblich sein, wie die beiden Engel ihn den Jüngern schildern. Ihre Aussage lautet, richtig übersetzt (Apg. 1,11): Dieser Jesus, der von euch weg aufgenommen ist in den Himmel, wird so wiederkommen, wie ihr ihn habt in den Himmel gehen sehen.

Mit dieser Aussage der beiden Engel haben wir die Möglichkeit, den Weggang Jesu von der Erde richtig zu verstehen. Danach hat es (wie auch aus anderen Stellen zu entnehmen ist) zwei unterschiedliche Bewegungen gegeben. Zum einen (mit dem Wort *analambano*) eine passive: Er wurde aufgehoben bzw. aufgenommen in den Himmel, zum anderen (mit dem Wort *poreuomai*) eine aktive: Er ist in den Himmel gegangen.

Für die weitere Auslegung ist auch Gottes Wort im Alten Testament zu beachten. In der Septuaginta, der griechischen Übersetzung des Alten Testaments (im 3.-1. Jahrhundert vor Christus von Gelehrten in Alexandria angefertigt), wird das Aufgenommen-in-den-Himmel für Henoch (1. Mose 5,24) und für Elia (2. Kön. 2,11) ebenfalls mit dem Wort *analambano* wiedergegeben. Die deutsche Übersetzung spricht in beiden Fällen von einer Entrückung.

Vom Worte Gottes her liegt es also sehr nahe, das Aufgenommenwerden Jesu in den Himmel, seine sogenannte Himmelfahrt, ebenfalls als Entrückung zu verstehen. Im Unterschied zu Henoch und Elia setzt das Neue Testament bei der Entrückung Jesu das aktive In-den-Himmel-Gegangen hinzu. Das geschieht, um deutlich zu machen, daß Jesus das Geschehen nicht einfach als Widerfahrnis erlebt (wie Henoch und Elia), sondern auch hier, wie während seiner ganzen Lebens- und Leidenszeit, der Handelnde bleibt.

Das zweite, das zu klären ist, ist das Wort „Himmel", insbesondere die Entfernung zwischen Himmel und Erde. Die Bibel spricht immer wieder davon, daß Gottes Wirklichkeit, wenn sie auch alles erfüllt und aller Himmel Himmel sie nicht fassen können, dennoch uns Menschen ganz nahe ist. Etwa: „Der Herr ist nahe denen, die zerbrochenen Herzens sind" (Ps. 34,19). „Von allen Seiten umgibst du mich und hältst deine Hand über mir" (Ps. 139,5). „Der Herr ist nahe allen, die ihn anrufen" (Ps. 145,18). Stephanus, der erste Märtyrer der Christenheit, sieht im Sterben den Himmel Gottes offen und Jesus zur Rechten Gottes stehen (Apg. 7,55). Paulus verkündigt den Athenern: „Gott ist nicht ferne von einem jeden unter uns, denn in ihm leben und weben und sind wir" (Apg. 17,27-28).

Diese und andere Stellen der Bibel machen deutlich, daß Gott uns in seinem Wort eine Sicht von der Wirklichkeit um uns zukommen läßt, die grundverschieden ist von der naiven Stockwerksvorstellung.

Wie im 2. Kapitel ausgeführt, durchdringt Gottes Wirklichkeit, das Unsichtbare, überall das Sichtbare, die gegenständliche Welt der Menschen. Dadurch erklärt sich die Nähe des unsichtbaren Gottes für den Glaubenden, wie sie in den angeführten Stellen zum Ausdruck kommt. Der Himmel, das Reich des Lichtes, ist Teil des Unsichtbaren und uns deshalb ebenfalls ganz nahe. Bei der Entrückung Jesu in den Himmel geht es also um ein Aufgehobenwerden – und damit nimmt er Rücksicht auf das Weltbild, in dem seine Jünger lebten – und um ein Hinübergehen in das Unsichtbare. Dieser Übergang wurde den Jüngern durch eine Wolke verborgen.

Den besonderen Umständen nach war das gewiß keine gewöhnliche Wolke, sondern der Wolke gleich, die die Gegenwart Gottes zugleich verhüllt und offenbar macht. Eine solche Wolke lag über dem Berg Sinai, als Gott mit Mose redete, und verhüllte die Herrlichkeit des Herrn (2. Mose 24,15-18). Eine solche Wolke bedeckte die Stiftshütte als Zeichen, daß Gott herabgekommen war, um Mose weitere Weisungen zu geben. Eine solche Wolke erschien bei der Verklärung Jesu, und aus ihr heraus sprach Gott zu den Jüngern, die dabei waren: „Das ist mein lieber Sohn; den sollt ihr hören" (Mark. 9,7). Eine solche Wolke war es, die Jesus bei seiner Entrückkung aufgenommen und den Blicken der Jünger entzogen hatte.

Das ergibt sich schließlich auch aus einem Wort des Alten Testaments, das ich als einen prophetischen Hinweis auf die Entrückung Jesu verstehe. In Dan. 7,13-14 schreibt der Prophet Daniel: „Ich sah in diesem Gesicht in der Nacht, und siehe, es kam einer mit den Wolken des Himmels wie eines Menschen Sohn und gelangte zu dem, der uralt war – zu Gott Vater –, und wurde vor ihn gebracht. Der gab ihm Macht, Ehre und Reich, daß ihm alle Völker und Leute aus so vielen verschiedenen Sprachen dienen sollten. Seine Macht ist ewig und vergeht nicht, und sein Reich hat kein Ende."

Hier hören wir vom Ende der Entrückung Jesu, die Daniel prophetisch voraussehen durfte. Mit der Wolke, die Jesus den Jüngern entrückte, geht er ein in das Unsichtbare, wird vor Gott, den Vater, geführt und erhält von ihm das Reich und die Macht übertragen. Er, der erhöhte Herr, *hat* sich gesetzt zur Rechten Gottes. Von dieser Schau Daniels her hat sich Jesus zur Zeit seines Wirkens auf der Erde als „des Menschen Sohn" bezeichnet.

Nachdem das alles nunmehr vom biblischen Zusammenhang her geklärt ist, will ich den letzten Schritt tun und sagen: Wir dürfen die Worte „oben" und „unten", „aufgefahren" und „hinabgestiegen" ruhig beibehalten. „Nach oben" bedeutet: von der Erde weg, gegen die Erdanziehung gerichtet, „nach unten" bedeutet: auf die Erde zu, mit der Erdanziehung gleichgerichtet. Von der sich drehenden und um die Sonne kreisenden Erde aus gesehen – die dazu beide mit dem rotierenden Milchstraßensystem durch das Weltall stürmen – ist nach allen Richtungen von ihr fort „oben", auf sie zu „unten". Doch auch überall um uns herum, bis in den Mittelpunkt der Erde hinein, erstreckt sich das Unsichtbare, und zwar das Reich des Lichtes und damit der Himmel in allen Richtungen von der Erde fort nach oben, das Reich der Finsternis in allen Richtungen nach unten, ins Innere der Erde hinein (vgl. die Ausführungen auf S. 99 ff. und mein diesbezügliches Buch[18]).

Mit diesem neuen „oben" und „unten" ist aber keine Veranschaulichung verbunden, wie es im naiven Weltbild der Fall war. Sondern man hat stets zu bedenken, daß zwar Licht und Finsternis scharf voneinander getrennt sind (2. Kor. 6,14), aber das paradoxe Ineinander von Sichtbarem und Unsichtbarem immer wieder Menschen und Vorgänge unter den Einfluß *beider* Wirklichkeiten bringen kann. Der Kosmos als Ganzes ist gefallene Schöpfung und steht unter dem Einfluß der Finsternis. Man kann sich nicht, wenn man sich nur weit genug von der Erde entfernt, ihrem Einfluß entziehen. Ebenso zeigen alle Blicke in das Reich des Lichtes, die Menschen geschenkt wurden (etwa Stephanus, Apg. 7,55; Jesu Verklärung, Mark. 9,2ff. u.a.), daß dieses Reich die Erde dicht umgibt. Mit diskursiver Logik ist das nicht zu begreifen!

7.2 Jesu Wiederkunft – zur Entrückung der Brautgemeinde und zum Gericht

Die Aussage des Glaubensbekenntnisses, daß Jesus „von dort", d.h. von der Rechten des Vaters, kommen wird, um das sogenannte Jüngste Gericht zu halten, ist eine bei den Gläubigen fest verankerte Vorstellung. Und dennoch trifft sie biblisch gesehen nicht in der Weise zu, wie man den Wortlaut meistens versteht: als ein Herabkommen Jesu auf die Erde, zu richten die Lebenden und die Toten. Man muß dieses sein Kommen von Matth. 25,31ff. und von Offb. 20,11-13 her begreifen; beide Stellen beschreiben denselben Vorgang.

Es heißt dort mit den Worten Jesu: „Wenn aber der Menschensohn kommen wird in seiner Herrlichkeit und alle Engel mit ihm, dann wird er sitzen auf dem Thron seiner Herrlichkeit, und alle Völker werden vor ihm versammelt werden" (Matth. 25,31-32).

Und Johannes hatte auf Patmos die Vision: „Ich sah einen großen, weißen Thron und den, der darauf saß; vor seinem Angesicht flohen die Erde und der Himmel, und es wurde keine Stätte für sie gefunden. Und ich sah die Toten, groß und klein, stehen vor dem Thron, und Bücher wurden aufgetan. Und ein andres Buch wurde aufgetan, welches ist das Buch des Lebens. Und die Toten wurden gerichtet nach dem, was in den Büchern geschrieben steht, nach ihren Werken" (Offb. 20, 11-12).

Demnach findet das letzte Gericht, das Jesus am Ende der Zeit vollziehen wird, nicht auf der Erde statt, sondern in der unsichtbaren Welt, vor dem Thron seiner Herrlichkeit. Die Erde und das ganze Weltall sind bereits vergangen, wie er es verheißen hat. Sein „Kommen", wie es in Matth. 25, 31 ausgesagt wird, ist also im übertragnen Sinn zu verstehen, als ein Erscheinen, als Offenbarwerden auf seinem Thron in der Herrlichkeit. Alle Toten werden zum Gericht hinübergeholt in das Unsichtbare und dort vor Jesus versammelt, um seinen Urteilsspruch zu hören. Das Jüngste Gericht wird sich also erst nach dem Vergehen des Sichtbaren (des ganzen Universums einschließlich der Erde) im Unsichtbaren ereignen.

Dennoch spricht das Neue Testament auch von einem Kommen Jesu zur (noch vorhandenen) Erde, sogar von einem zweimaligen Kommen. In beiden Fällen geschieht es auch zum Gericht, jedoch in einem eingeschränkten Sinne. Jesus selbst kündigt das erste Kommen an:

„Und dann wird erscheinen das Zeichen des Menschensohns am Himmel. Und dann werden wehklagen alle Geschlechter auf Erden und werden sehen den Menschensohn kommen auf den Wolken des Himmels mit großer Kraft und Herrlichkeit. Und er wird seine Engel senden mit hellen Posaunen, und sie werden seine Auserwählten sammeln von den vier Winden, von einem Ende des Himmels bis zum andern" (Matth. 24, 30-31).

Dieses Ereignis ist auch Paulus offenbart worden. Er schreibt:

„Denn das sagen wir euch mit einem Wort des Herrn, daß wir, die wir leben und übrigbleiben bis zur Ankunft des Herrn, denen nicht zuvorkommen werden, die entschlafen sind. Denn er selbst, der Herr, wird, wenn der Befehl ertönt, wenn die Stimme des Erzengels und die Posaune Gottes erschallen, herabkommen vom Himmel, und zuerst werden die Toten, die in Christus gestorben sind, auferstehen. Danach werden wir, die wir leben und übrigbleiben, zugleich mit ihnen hingerückt werden auf den Wolken in die Luft, dem Herrn entgegen; und so werden wir bei dem Herrn sein allezeit" (1. Thess. 4, 15-17).

Mit diesem Kommen Jesu wird die Verheißung erfüllt, die zwei Engel den Jüngern nach seiner Entrückung gegeben haben (vgl. S. 120). Wie Jesus das im einzelnen gestalten wird, ist sein Geheimnis. Vermutlich wird eine Wolke von der Art, die sein Hinübergehen in das Unsichtbare den Jüngern verborgen hat, ihn in ähnlicher Weise verhüllen und mit vielen Engeln zugleich offenbaren. Er wird aber außerhalb der Erde bleiben und nur seine Engel aussenden, um die Auserwählten „von allen vier Winden" zu sammeln. Denn, wie es heißt, sollen diese Auserwählten dem Herrn entgegen in die Luft entrückt werden.

Es handelt sich um die Wiederkunft Jesu zur Entrückung der Brautgemeinde (Matth. 25, 1 ff.). Dabei werden zwei auf dem Felde sein; einer wird angenommen, und der andere wird verworfen werden. Zwei werden mahlen auf der Mühle; eine wird angenommen, und die andere wird verworfen werden (Matth. 24, 40-41). Durch diese Scheidung, wohl von dem Wehklagen der

Geschlechter begleitet, wird von Jesus ein erstes Gericht vollzogen werden. Und den zu ihm Entrückten wird der irdische Leib im Nu in einen geistlichen Leib verwandelt werden (1. Kor. 15,51-52), mit dem sie in das Unsichtbare eingehen können.

Wer zu diesen Auserwählten gehören wird, sowohl Tote wie Lebende (1. Thess. 4,15), kann kein Mensch sagen. Es steht allein bei Jesus, das zu entscheiden. Es wäre aber wohl falsch anzunehmen, daß die zur Entrückung Auserwählten die einzigen Menschen sind, die gerettet werden.

Es wird noch von einem zweiten Kommen Jesu zur Erde, auch zum Gericht, berichtet, nämlich in Offb. 19,11-21. Dort geht es um die Vernichtung des „Tieres" und des falschen Propheten mit all ihren Anhängern, die sich zum Krieg gegen Jesus versammeln. Aber „aus seinem Munde ging ein scharfes Schwert, daß er damit die Völker schlage; und er wird sie regieren mit eisernem Stabe; und er tritt die Kelter, voll vom Wein des grimmigen Zornes Gottes, des Allmächtigen".

7.3 Begleiterscheinungen

Im naiven, vorwissenschaftlichen Weltbild war die Wiederkunft Jesu kein Problem für die, die an Jesus glaubten. Sie hielten sich an die Verheißung der beiden Engel, die den Jüngern nach der Entrückung Jesu die Wiederkunft voraussagten. Weltbildmäßig war das kein Problem. Problematisch wurde das Sich-Hinziehen der Verheißung. Man hatte mit einem baldigen Wiederkommen des Herrn gerechnet und wurde hierin enttäuscht.

Im naturwissenschaftlichen Weltbild der Neuzeit, das bis in dieses Jahrhundert hinein vielen als maßgeblich galt, wurde die Wiederkunft als solche ein Problem – sofern man noch davon wußte und daran festhalten wollte. Schuld daran waren vor allem die naturwissenschaftlichen Begleiterscheinungen, von denen die Bibel spricht und die man für unmöglich hielt. Etwa das Vergehen von Himmel und Erde: Siehe, ich schaffe einen neuen Himmel und eine neue Erde. Man wird der früheren Dinge nicht mehr gedenken (Jes. 65,17; ähnlich Matth. 24,35 und 2. Petr. 3,13). Schließlich heißt es: „Ich sah einen neuen Himmel und eine neue Erde, denn der erste Himmel und die erste Erde sind vergangen" (Offb. 21,1). Ferner die Voraussagen von endzeitlichen Katastrophen: Es zerbricht, zerbirst die Erde, es zerspringt, zersplittert die Erde, es wankt und schwankt die Erde wie ein Trunkener, schwer lastet auf ihr der Menschen Missetat (Jes. 24,19-20; auch Jes. 13,9-10; Matth. 24,29). Schließlich: „Es wird aber des Herrn Tag kommen wie ein Dieb; dann werden die Himmel zergehen mit großem Krachen; die Elemente aber sich in der Gluthitze auflösen und die Erde und die Werke auf ihr nicht mehr zu finden sein" (2. Petr. 3,10).

Dies alles soll und wird mit dem Tag des Herrn, dem Offenbarwerden Jesu zum Jüngsten Gericht, verbunden sein, war aber im vergangenen naturwissenschaftlichen Weltbild schlechterdings undenkbar.

Vom gegenwärtigen Naturbild her ist es aber nicht nur denkmöglich, sondern schon großenteils erfüllt. Dazu sei ein kurzer Rückblick auf die Geschichte des Weltalls gegeben! Das Universum hat eine Geschichte, hat Anfang und Ende, ist einmal aus dem Nichts entstanden (man spricht vom „Urknall") und wird wieder in ein Nichtsein versinken.[20] Man kann von einer Entstehungsphase sprechen, in der der Kosmos eine homogene Wasserstoffmenge war, unstrukturiert, ohne Ereignisse, ohne Geschichte, weiter von einer Gestaltungsphase, in der sich die Quasare, die Galaxien, die Sterne bildeten, und schließlich von einer Vergehungsphase, in der ausgebrannte Sternleichen ihre Grenzgröße erreichen, überschwer werden und zerstrahlen oder explodieren. Schon die Gestaltungsphase war und ist wesenhaft mit dem Vergehen von Materie verbunden, da sich der kernatomare Brennstoff (Fusion von Wasserstoff- in Heliumgas) im Kosmos nach und nach erschöpft. Die Bibel spricht davon, daß des Himmels Kräfte ins Wanken kommen und Himmel und Erde vergehen werden.

Was uns Menschen allerdings mehr angeht, ist das Sonnensystem, dem unsere Erde angehört. Die Sonne ist, wie jeder selbstleuchtende Stern, eine gewaltige Maschine zur Kernfusion, die nur eine endliche Menge von Wasserstoffgas bei ihrer Entstehung mitbekommen hat. Auch bei ihr wird es einmal zum Ausbrennen, zum existentiellen Kollaps und wohl zur Explosion kommen (Supernovaausbruch). Sie kann zwar physikalisch noch Milliarden von Jahren ihren Dienst für uns tun, aber Gott kann ihr jederzeit das Ende gebieten. Dann verliert das Sonnensystem seinen festen Bezugspunkt, die Planeten und damit auch die Erde fangen an zu schwanken, zu zittern, zu zerbersten, der Mond gibt seinen Schein nicht mehr, und die Elemente schmelzen in der Gluthitze, wenn sich die glühendheiße Sonnenmasse über die Erde ergießt.

Als sich die Naherwartung der Wiederkunft Jesu nicht erfüllte, wurden die Gemeinden von den Aposteln zum Ausharren ermahnt (vgl. 2. Thess. 2; 2. Petr. 3). Das ist aber nicht alles, was dazu gesagt werden sollte. Mir ist ein Doppeltes wichtig geworden, das auch für die heute wartenden Gläubigen gilt:

1. Gottes Verheißung hat sich für jeden, der auf das Kommen Jesu sehnlichst gewartet hat, mit dem Augenblick seines Todes, seines Hinübergehens in das Unsichtbare erfüllt. Stephanus, der erste Märtyrer der Christenheit, sieht im Sterben den Himmel offen und Jesus zur Rechten Gottes stehen (Apg. 7,55), nicht sitzen! Jesus ist aufgestanden, um Stephanus entgegenzugehen. Paulus bekennt sehr klar: „Ich habe Lust, abzuscheiden und bei Christus zu sein" (Phil. 1,23). Auch er wußte, daß er bei seinem Tode sofort zu Jesus gehen würde. Jesus hat den Seinen zugesagt: „Wenn ich erhöht werde von der Erde, so will ich sie alle zu mir ziehen" (Joh. 12,32; ähnlich Joh. 17,24). Ich bin überzeugt, daß sich für viele Gläubige die Wiederkunft Jesu in dieser Weise erfüllt hat und erfüllt.

2. Daß die Verheißung seines baldigen Kommens sich noch nicht verwirklicht hat, hat seinen besonderen Grund. Jesus spricht sehr deutlich von beidem, von einem Bald und von einem Wartenmüssen. Bei der Aussendung der zwölf Jünger sagt er ihnen: „Wenn sie euch aber in einer Stadt verfolgen, so flieht in eine andere. Wahrlich, ich sage euch: Ihr werdet mit den Städten Israels nicht zu Ende kommen, bis der Menschensohn kommt" (Matth. 10,23). Und zu Johannes auf Patmos sagt er mehrmals: „Siehe, ich komme bald" (Offb. 22,7.12.20). Aber im Gleichnis von den anvertrauten Pfunden heißt es: „*Nach langer Zeit* kam der Herr dieser Knechte und forderte Rechenschaft von ihnen" (Matth. 25,19). Ähnlich im Gleichnis von den zehn Jungfrauen: „Als nun der Bräutigam *lange ausblieb,* wurden sie alle schläfrig und schliefen ein" (Matth. 25,5). Und bereits

im Alten Testament wird auf die Verzögerung hingewiesen: „Darum harrt der Herr darauf, daß er euch gnädig sei" (Jes. 30,18a). Auch Gott wartet also, nicht nur wir. Wenn Gott aber mit der Erfüllung seiner Verheißungen wartet, so liegt es niemals an ihm, sondern nur an dem Verhalten der Seinen, an uns.

Gott macht die Erfüllung einer Verheißung vom Gehorsam seines Volks abhängig. Als nach dem Einzug des Volkes Israel in Kanaan nicht alle Stämme sich an die Weisung hielten, die Einwohner aus ihren Städten zu vertreiben, sondern mit ihnen zusammen wohnten und sie sich fronpflichtig machten (Richt. 1), kam der Engel des Herrn zu ihnen und entzog im Auftrag Gottes die Zusage seines Beistandes (Richt. 2,1-4). Und haben wir, als neues Gottesvolk, nicht das Gegenstück im Neuen Testament? In den sieben Sendschreiben der Offenbarung läßt der Engel des Herrn (Offb. 1,1) durch Johannes den Gemeinden die Kritik des erhöhten Herrn zukommen (Offb. 2 und 3), jeweils mit der ernsten Mahnung zur Umkehr und zur Buße.

Natürlich wird Gott unabhängig von uns zu seiner Zeit die Verheißung erfüllen. Jesus *wird* wiederkommen, und einmal werden sich aller Knie vor ihm beugen und aller Zungen bekennen müssen, daß Jesus Christus der Herr ist. Aber durch uns, die Seinen, ist es zur Verzögerung seiner Wiederkunft gekommen. Uns ist seitdem das Warten auferlegt, damit wir lernen, in der rechten Weise auf ihn zu warten.

Jesus wünscht sich, daß wir ihn mit sehnendem Herzen erwarten, wie eine Braut den Bräutigam. Bis ins Unbewußte hinein muß uns die Freude auf sein Kommen durchdringen. Die klugen Jungfrauen sind es, die mit ihm zur Hochzeit eingehen dürfen (Matth. 25,1-13). Was aber heißt hierbei klug? Klugheit ist Gesammeltheit, Wachsamkeit, Ausgerichtetsein auf ein Ziel, ist Einsatz der ganzen Person auf dieses Ziel hin. Doch ist damit erst eine, die absolute Seite der Klugheit gekennzeichnet. Sie hat noch eine andere, die relative Seite. Das ist das Ziel, auf das hin man sich mit seinem ganzen Denken, Wollen und Tun ausrichtet.

Man kann sich als Ziel Jesus wählen, d.h. ihn als Herrn anerkennen, ihm vertrauen, ihm dienen, auf ihn warten – auch wenn es den Menschen heute als absurd, weltfremd, unklug erscheint. Sie wählen sich ein anderes Ziel: Anerkennung, Erfolg, Sichausleben. Als klug gilt in der Welt, wer es versteht, alle Möglichkeiten zu diesem Ziel hin zu nutzen. Auf Jesu Wiederkommen zu warten, gilt dem Weltmenschen als Inbegriff der Unklugheit. Wer an Jesus glaubt, sollte wissen, was für den Christen Klugsein heißt: Im Vertrauen auf sein Wort auf seine Wiederkunft warten! Wir wollen es ihm uneingeschränkt entgegenbringen. Dazu gehört immer wieder Buße und Beichte, Reinigung durch das Blut Jesu Christi und Aufsehen auf ihn, den Anfänger und Vollender des Glaubens. Unsere Freude auf sein Kommen soll auch die Mitmenschen einschließen. Wir wollen weiter für eine große Erweckung beten, daß noch viele die Zeit vor dem Kommen Jesu als Gnadenzeit nutzen mögen.

8. Kapitel

Auferstehung der Toten

Christen glauben, daß mit dem Tode nicht einfach „alles aus" ist, sondern das irdische Leben eine Fortsetzung findet. Hierüber gibt es aber nicht nur Zweifel, sondern auch manche falsche Vorstellung. Wieder kann uns nur die Bibel als Wort Gottes zur Klarheit verhelfen. Ich gebe zunächst zwei Beispiele biblischer Aussagen, die deutlich machen wollen, wie man sich die Auferstehung von den Toten *nicht* denken soll.

Das erste Beispiel entnehme ich dem Buch des Propheten Hesekiel. Dort heißt es: „Des Herrn Hand kam über mich, und er führte mich hinaus im Geist des Herrn und stellte mich mitten auf ein weites Feld; das lag voller Totengebeine. Und er führte mich überall hindurch. Und siehe, es lagen sehr viele Gebeine über das Feld hin, und siehe, sie waren ganz verdorrt. Und er sprach zu mir: Du Menschenkind, meinst du wohl, daß diese Gebeine wieder lebendig werden? Und ich sprach: Herr, mein Gott, du weißt es. Und er sprach zu mir: Weissage über diese Gebeine und sprich zu ihnen: Ihr verdorrten Gebeine, höret des Herrn Wort! So spricht Gott der Herr zu diesen Gebeinen: Siehe, ich will Odem in euch bringen, daß ihr wieder lebendig werdet. Ich will euch Sehnen geben und lasse Fleisch über euch wachsen und überziehe euch mit Haut und will euch Odem geben, daß ihr wieder lebendig werdet; und ihr sollt erfahren, daß ich der Herr bin. Und ich weissagte, wie mir befohlen war. Und siehe, da rauschte es, als ich weissagte, und siehe, es regte sich, und die Gebeine rückten zusammen, Gebein zu Gebein. Und ich sah, und siehe, es wuchsen Sehnen und Fleisch darauf, und sie wurden mit Haut überzogen; es war aber noch kein Odem in ihnen. Und er sprach zu mir: Weissage zum Odem; weissage, du Menschenkind, und sprich zum Odem: So spricht Gott der Herr: Odem, komm herzu von den vier Winden und blase diese Getöteten an, daß sie wieder lebendig werden! Und ich weissagte, wie er mir befohlen hatte. Da kam der Odem in sie, und sie wurden wieder lebendig und stellten sich auf ihre Füße, ein überaus großes Heer" (Hes. 37,1-10).

Ich bin überzeugt, daß viele Menschen, wenn sie überhaupt an eine Auferstehung von den Toten denken, sich dieses Geschehen in einer ähnlichen Art vorstellen, wie sie hier bei Hesekiel beschrieben wird. Eine große Menge von toten Gebeinen, vielleicht nicht auf ein Feld, aber in die Erde gebettet, und dann geschieht es unter Einwirkung von Gottes Wort und Geist, daß sie nach und nach mit Sehnen, Fleisch und Haut überzogen und lebendig gemacht werden durch den Lebensodem Gottes.

Warum ist eine derartige Vorstellung trotz biblischer Aussage für die Auferstehung von den Toten nicht zutreffend? Dazu verweise ich auf die Aussagen zur christlichen Auferstehungshoffnung, wie sie Paulus in 1. Kor. 15 gegeben hat: „Es könnte aber jemand fragen: Wie werden die Toten auferstehen, und mit was für einem Leib werden sie kommen? Du Narr: Was du säst, wird nicht lebendig, wenn es nicht stirbt. Und was du säst, ist ja nicht der Leib, der werden soll, sondern ein bloßes Korn, sei es von Weizen oder etwas anderem. Gott aber gibt ihm einen Leib, wie er will, einem jeden Samen seinen eigenen Leib" (1. Kor. 15,35-38).

Dann schildert Paulus, welche Mannigfaltigkeit Gott hat, einen Leib zu geben, und schließt: „So auch die Auferstehung der Toten. Es wird gesät verweslich und wird auferstehen unverweslich. Es wird gesät in Niedrigkeit und wird auferstehen in Herrlichkeit. Es wird gesät in Armseligkeit und wird auferstehen in Kraft. Es wird gesät ein natürlicher Leib und wird auferstehen ein geistlicher Leib" (1. Kor. 15,42-44). Abschließend betont er nochmals: „Das sage ich aber, liebe Brüder, daß Fleisch und Blut das Reich Gottes nicht ererben können; auch wird das Verwesliche nicht erben die Unverweslichkeit" (1. Kor. 15,50).

Wenn wir über die Auferstehung der Toten nachdenken, müssen wir den klaren Unterschied beachten, den Paulus herausstellt: Es wird gesät ein *natürlicher* Leib, es wird auferstehen ein *geistlicher* Leib. Der natürliche Leib wird bei der Bestattung, ob im Sarg oder in der Urne, in die Erde gebettet, im Ausnahmefall auch anderweitig den Elementen übergeben. Der Auferstehungsleib ist ein geistlicher, pneumatischer Leib, also in jeder Beziehung völlig andersartig. Davon später mehr.

Deshalb ist die Schilderung, die Hesekiel gegeben hat, anders zu verstehen. Wir brauchen nur einige Zeilen im Kapitel 37 weiterzulesen, um zu erkennen, daß er von einer geistlichen Erweckung des Volkes Israel redet. Denn es heißt dort weiter: „Und er sprach zu mir: Du Menschenkind, diese Gebeine sind das ganze Haus Israel. Siehe, jetzt sprechen sie: Unsere Gebeine sind verdorrt, und unsere Hoffnung ist verloren, und es ist aus mit uns. Darum weissage und sprich zu ihnen: So spricht Gott der Herr: Siehe, ich will eure Gräber auftun und hole euch, mein Volk, aus euren Gräbern herauf und bringe euch ins Land Israel ... Und ich will meinen Odem in euch geben, daß ihr wieder leben sollt, und will euch in euer Land setzen, und ihr sollt erfahren, daß ich der Herr bin. Ich rede es und tue es auch, spricht der Herr" (Hes. 37,11-14).

Die verdorrten Gebeine sind also nur ein Bild für das von Gott abgefallene Volk Gottes, dem Gott aber die Treue hält und ihm verheißt, daß er es wieder zu einem wahren Leben in der Gemeinschaft mit Gott führen will. Von dieser Verheißung ist der erste Teil bereits erfüllt: Das Aneinanderrücken der Gebeine, das Überziehen mit Sehnen, Fleisch und Haut ist Bild für die Zusammenführung des Volkes im neuen Staat Israel. Es fehlt noch der Odem, daß Gott seinen Heiligen Geist auf Israel ausgießt (wie es auch Joel verheißen hat) und die Juden der Gegenwart erkennen, daß Jesus der verheißene Messias ist. Diesen zweiten Teil der Verheißung des Hesekiel dürfen wir aufgrund der Wahrheit des Wortes Gottes erwarten.

Das zweite Beispiel, das ich nennen möchte, ist die Gruppe der Einzelerweckungen vom Tode, von denen im Alten und im Neuen Testament berichtet wird. Etwa der Sohn der Witwe zu Zarpat, den Elia zum Leben erweckt (1. Kön. 17,17-24), oder der Sohn der Sunamiterin, an dem Elisa das gleiche bewirkt (2. Kön. 4,18-37). Dann die Totenerweckungen, die durch Jesus geschehen sind: der Jüngling zu Nain (Luk. 7,11-17), des Jairus Töchterlein (Mark. 5,22-43) und Lazarus, der Bruder von Martha und Maria (Joh. 11,1-46). Schließlich die Totenerweckungen, die von den Aposteln gewirkt wurden: Tabita in Joppe, durch Petrus zum Leben erweckt (Apg. 9,36-42), und Eutychus in Troas, durch Paulus zum Leben erweckt (Apg. 20,9-12).

Auch diese Einzelerweckungen sind Beispiele dafür,

wie wir uns die Auferstehung der Toten *nicht* denken dürfen. Denn allen diesen Totenerweckungen ist gemeinsam, daß der betreffende Mensch denselben Leib erhielt, den er zuvor getragen hatte und der genauso sterblich und verweslich war. Alle diese Menschen sind wieder gestorben. Keiner von ihnen hat eine Auferstehung im Sinne von 1. Kor. 15 erfahren.

Dennoch läßt sich aus diesen Erweckungen schattenhaft etwas entnehmen, das auf die wahre Auferstehung von den Toten hinweist. Um das deutlich zu machen, greife ich das anstößigste Beispiel heraus, die Auferweckung des Lazarus. Als Jesus den Stein vor dem Grabe entfernen läßt, versucht Martha, Jesus an seinem Vorhaben zu hindern mit den Worten: „Herr, er stinkt schon; denn er liegt seit vier Tagen" (Joh. 11,39). Jesus entgegnet ihr: „Habe ich dir nicht gesagt: Wenn du glaubst, wirst du die Herrlichkeit Gottes sehen?" Dann dankt er Gott, dem Vater, und ruft mit lauter Stimme in das geöffnete Grab hinein: Lazarus, komm heraus! Und der Verstorbene kam heraus, gebunden mit Grabtüchern an Füßen und Händen (Joh. 11,41-44).

Diese Auferweckung eines schon in Verwesung übergehenden Toten ist in keiner Weise, wie oft behauptet wird, naturwissenschaftlich unmöglich. Um das einzusehen, brauchen wir nur zu wissen, was wissenschaftlich unter Leben und Sterben zu verstehen ist.

Die kleinsten Einheiten des Lebendigen sind die Zellen im menschlichen Organismus. Sie setzen sich in einem erstaunlichen strukturellen Aufbau über Atom, Molekül, Makromolekül aus den kleinsten Einheiten des Materiellen, den Elementarteilchen, zusammen. Diese sind selbst nichts Materielles mehr, sondern Energie, Impulse, kontingente Ereignisse. Leben im Sinne der Biologie ist nichts anderes als eine Struktureigenschaft, die sich von selbst einstellt, wenn es gelingt, die komplizierte Struktur einer Zelle herzustellen. Dabei wird unter Leben nur der einfache biologische Lebensvorgang verstanden, d.h. der Ablauf von Stoffwechsel, Ernährung, Fortpflanzung und Vererbung. Sterben ist dann nichts anderes als das Auflösen dieses Strukturzusammenhanges.

Wer aber setzt den Strukturzusammenhang, wer löst ihn auf? Niemand anders als Gott, der Schöpfer, und er wirkt beides durch sein Wort. Sein schöpferisches Wort hat die unbegreifbare Fähigkeit, sich als Impuls, als kontingentes Ereignis im Sichtbaren zu manifestieren und damit Elementarteilchen, Atome, Moleküle, wie er will, zu setzen. So schafft Gott durch sein Wort die Zelle und damit das biologische Leben und bleibt auch der Herr über alles, was er geschaffen hat. Er erhält die Zellen und erneuert sie laufend, solange er den Menschen am Leben lassen will. Aber einmal ist dem Menschen gesetzt zu sterben (Hebr. 9, 27). Und auch das bewirkt Gott mit seinem Wort, indem er den Strukturzusammenhang auflöst. Die Schrift sagt es: „Der du die Menschen lässest sterben und sprichst: Kommt wieder, Menschenkinder" (Ps. 90, 3). So ruft uns Gott aus dem Leben ab.

Auch des Lazarus Tod wurde dadurch bewirkt, daß Gott ihn zurückrief. Durch sein Wort wurde die Krankheit und schließlich der Tod bewirkt. Die Auferweckung schenkte Gott auf ein Gebet Jesu hin – man beachte dazu Joh. 11, 41 – indem er den Strukturzusammenhang der einzelnen Elementarteilchen neu setzte zu intakten Zellen und damit Lazarus das biologische Leben zurückgab. Dieser hat es dann noch einige Jahre zur Ehre Gottes geführt.

Nur wer Gott als den Herrn über Leben und Tod anerkennt, als den, der durch sein Wort Leben geben und auch nehmen kann, wird in der rechten Weise über das Geheimnis der Auferstehung nachdenken.

Damit komme ich zum dritten Beispiel, zur Auferstehung Jesu, an dem wir erkennen wollen, was es um die Auferstehung der Toten recht verstanden ist. Entscheidend ist, daß wir den Auferstehungsleib Jesu als einen neuen Leib begreifen, als einen ganz andersartigen, geistlichen Leib. Dieser hat zunächst einen anderen Ursprung: „Der erste Mensch (Adam) ist von der Erde und irdisch; der zweite Mensch (Christus) ist vom Himmel" (1. Kor. 15,47). Der „Stoff" des neuen Leibes ist nicht von dieser Welt, dem Sichtbaren. Das gilt auch für unseren Auferstehungsleib: „Wie wir getragen haben das Bild des irdischen, so werden wir auch tragen das Bild des himmlischen" (1. Kor. 15,49).

Weiter wird die Andersartigkeit mit den Worten Unverweslichkeit, Herrlichkeit, Kraft beschrieben (1. Kor. 15,42-43), denen bei dem natürlichen (irdischen) Leib Verweslichkeit, Niedrigkeit und Armseligkeit gegenüberstehen. Dazu mache man sich das Andersartige an einem konkreten Zug deutlich. Jesus selbst verwies Sadduzäer (die nicht an die Auferstehung der Toten glaubten) darauf, als sie ihn fragten, welchem Mann eine Frau nach der Auferstehung angehöre, die auf Erden mit mehreren Männern verheiratet war. Ihnen und auch uns, soweit wir uns falsche Vorstellungen machen, antwortete Jesus: „Ihr irrt, weil ihr weder die Schrift kennt noch die Kraft Gottes. Wenn sie von den Toten auferstehen werden, so werden sie weder heiraten noch sich heiraten lassen, sondern sie sind wie die Engel im Himmel" (Mark. 12,24-25). Ewiges Leben unterscheidet sich vom natür-

lichen Leben insbesondere dadurch, daß es keiner Fortpflanzung bedarf. Alles, was uns oft Not macht am irdischen Leibe: Geschlechtlichkeit, Erotik, Lustbefriedi-
gung, diese ungeheuren Möglichkeiten zur Versuchung
und zum Fallen, trägt der neue Leib nicht mehr.

Wie bei dem Auferstandenen wird auch unser Auferstehungsleib dem Unsichtbaren angehören und aus
pneumatischem „Stoff" bestehen. Für ihn gilt, wie für
alles auf der neuen Erde, das Wort Gottes: „Siehe, ich mache alles neu" (Offb. 21,5). Es genügt nicht, hier nur von
einem verklärten irdischen Leib zu sprechen. Unser alter
Leib vergeht ganz mit der alten Erde. Und doch besteht
Identität und Kontinuität der Person, gewährleistet
durch den „inwendigen Menschen" (Röm. 7,22-24).
Was Gott durch seinen Heiligen Geist in uns gewirkt hat,
das gewandelte Herz, wird mit dem neuen, geistlichen
Leib überkleidet. Das allein bleibt über den Tod hinaus
erhalten. Wir dürfen, wenn unser Leben hier zu Ende
geht, das letzte Gebet Jesu übernehmen und sprechen:
Vater, in deine Hände befehle ich mein durch deinen
Geist geheiligtes „Herz"! Das überkleidet er dann mit
dem neuen, pneumatischen Leib.

9. Kapitel

Die Dreieinigkeit Gottes

9.1 Die dogmatische Aussage

Zum Abschluß meines Versuchs, einen neuen Zugang zum apostolischen Glaubensbekenntnis zu gewinnen, bei dem auch die moderne Naturwissenschaft mit ihrem neuen Denken zur Geltung kommt, gehe ich auf das Problem der Dreieinigkeit Gottes ein. Denn dem Dreieinigen Gott, dem Vater und dem Sohn und dem Heiligen Geist, gilt die Anbetung im Glaubensbekenntnis. Und auch die Problematik der Dreieinigkeit Gottes will ich mit meinem Glauben und meinem Denken als exakter Naturwissenschaftler angehen.

Ich gebe zunächst, um die dogmatische Aussage in ihrem vollen Gewicht vor uns hinzustellen, einen Abschnitt aus dem Glaubensbekenntnis nach Athanasius. Er hat in besonderer Weise Klarheit über den Glauben an den Dreieinigen Gott gewonnen. Er sagt:

„Dies aber ist der rechte christliche Glaube, daß wir einen einigen Gott in drei Personen und drei Personen in einer Gottheit verehren, und nicht die Personen ineinander vermengen, noch das göttliche Wesen zertrennen. Eine andere Person ist der Vater, eine andere der Sohn, eine andere der Heilige Geist. Aber Vater und Sohn und Heiliger Geist ist ein einiger Gott, gleich in der Herrlichkeit, gleich in ewiger Majestät. Wie der Vater Gott ist, so ist auch der Sohn und so ist auch der Heilige Geist. Der Vater ist nicht geschaffen, der Sohn ist nicht geschaffen,

der Heilige Geist ist nicht geschaffen. Der Vater ist unermeßlich, der Sohn ist unermeßlich, der Heilige Geist ist
unermeßlich. Der Vater ist ewig, der Sohn ist ewig, der
Heilige Geist ist ewig; und doch sind nicht drei Ewige,
sondern es ist *ein* Ewiger. Gleichwie auch nicht drei Unge-
schaffene noch drei Unermeßliche, sondern es ist *ein* Un-
geschaffener und *ein* Unermeßlicher. So ist auch der Vater
allmächtig, der Sohn ist allmächtig, der Heilige Geist ist
allmächtig; und sind doch nicht drei Allmächtige, sondern
es ist *ein* Allmächtiger. So ist auch der Vater Gott, der
Sohn ist Gott, der Heilige Geist ist Gott; und sind doch
nicht drei Götter, sondern es ist *ein* Gott. So ist auch der
Vater der Herr, der Sohn ist der Herr, der Heilige Geist
ist der Herr; und sind doch nicht drei Herren, sondern es
ist *ein* Herr. Denn so wie wir nach christlicher Wahrheit
eine jegliche Person für sich als Gott und als Herrn bekennen müssen: Also können wir im christlichen Glauben nicht drei Götter oder drei Herren nennen. Der Vater
ist von niemand weder gemacht noch geschaffen, noch
geboren. Der Sohn ist allein vom Vater, nicht gemacht
noch geschaffen, sondern geboren, der Heilige Geist ist
vom Vater und vom Sohn, nicht gemacht noch geschaffen, noch geboren, sondern ausgehend. So ist es: Ein Vater, nicht drei Väter; ein Sohn, nicht drei Söhne, ein Heiliger Geist, nicht drei Heilige Geister. Und unter diesen
drei Personen ist keine die erste, keine die letzte, keine
die größte, keine die kleinste; sondern alle drei Personen
sind miteinander gleich ewig, gleich groß: So daß also
drei Personen in einer Gottheit und ein Gott in drei Personen geehrt werde. Wer also selig werden will, der muß
so von den drei Personen Gottes denken."[21]

Ich halte es für nützlich, diesen Teil des Glaubensbekenntnisses, der um 500 n.Chr. entstanden ist und nach

dem Bischof Athanasius von Alexandria, der im 4. Jahrhundert lebte, benannt wird, uns vor Augen zu halten und zu bedenken. Es mag sein, daß wir es durch die sehr eindringliche, absolut richtige Formulierung nicht besser verstehen können. Zumindest aber wird durch sie die Problematik deutlich, um die es geht. Und ich meine, für uns als Gemeinde ist es wichtig, daß wir uns mit großem Ernst um Erkenntnis *des* Gottes bemühen, der sich uns in der Bibel bezeugt. Denn von extremen Richtungen der Theologie hören wir es anders: Gott sei tot oder Gott sei eine Frau oder Gott sei kein persönlicher, lebendiger Gott. Wir sollten an ein unpersönliches innerweltliches „Wie meiner Existenz" oder schicksalhaftes „Warum meiner schlechthinnigen Abhängigkeit" oder mitmenschliches „Woher meines Umgetriebenseins" glauben.

Ich möchte nun zunächst eine Sichtung des Materials, d.h. der biblischen Aussagen bringen, dann das Material nach verschiedenen Richtungen interpretieren.

9.2 Die Bibel zur Dreiheit Gottes

Das Schwergewicht der Gottesoffenbarung im Alten Testament liegt auf der Aussage: *ein* Gott. Ich denke etwa an ein Wort aus 5. Mose 6,4-5: „Höre, Israel, der Herr ist unser Gott, der Herr allein. Und du sollst den Herrn, deinen Gott, lieben von ganzem Herzen, von ganzer Seele und mit aller deiner Kraft."

Im Neuen Testament dagegen liegt das Schwergewicht der Gottesoffenbarung auf der *Dreiheit:* drei Personen in einer, Gott Vater, Gott Sohn und Gott Heiliger

Geist. Es gibt natürlich deutliche Spuren der Dreiheit bereits im Alten Testament und ebenso klare Hinweise auf die Einheit im Neuen Testament. Darauf will ich jetzt nicht näher eingehen. Es geht mir allein darum, von der Schrift her deutlich zu machen, daß in den beiden Aussagen: „Es ist *ein* Gott" und „Es sind *drei* Personen" kein Widerspruch liegt. Unser Gott ist, wie die Schrift uns bezeugt, unveränderlich. Bei ihm gibt es keine Veränderung, keinen Wechsel (Jak. 1,17). Der Gott, der sich in den Zeugnissen des Alten Testaments offenbart, ist derselbe, der uns im Neuen Testament entgegentritt – wie es auch vom Sohne heißt: Jesus Christus ist gestern und heute derselbe und in Ewigkeit (Hebr. 13,8). Und Jesus selbst bezieht sich (Mark. 12,29) ausdrücklich auf die vorhin zitierte Aussage des Alten Testaments. Als einer von den Schriftgelehrten zu ihm kommt und fragt: „Was ist das höchste Gebot?", erwidert Jesus: „Das höchste ist: Höre, Israel, der Herr, unser Gott, ist *allein* Herr!" Und der Schriftgelehrte antwortete ihm: „Meister, du hast wahrhaftig recht geredet; er ist nur *einer,* und es gibt keinen anderen außer ihm."

Nun lassen wir, unter Beschränkung auf das Neue Testament, kurz einige *Situationen* und andere Belegstellen vor unserem Geiste vorüberziehen, einmal solche, in denen die Dreiheit ausdrücklich bestätigt wird, und zum andern solche, in denen ebenso unbedingt von der Einheit geredet wird.

Ich denke etwa an die Taufe Jesu (Matth. 3,16-17): Jesus, der Sohn, wird im Jordan getauft. Dazu ertönt die Stimme des Vaters aus der Wolke: „Dies ist mein lieber Sohn, an dem ich Wohlgefallen habe." Und der Heilige Geist läßt sich in Gestalt einer Taube auf Jesus nieder. Diese Situation läßt deutlich drei verschiedene Personen erkennen: Gott Vater, der redet; Gott Sohn, der getauft wird; Gott Heiliger Geist, der sich auf den Sohn niederläßt.

Ich erinnere weiter an die Verklärung Jesu (Mark. 9): Jesus, der Sohn, taucht in das Unsichtbare, wird überstrahlt von dem wunderbaren Licht, das dort herrscht, redet mit Mose und Elia – die längst „drüben" im Unsichtbaren leben –, und Gott, der Vater, läßt seine Stimme ertönen: „Dies ist mein lieber Sohn, auf den sollt ihr hören." Und die drei Jünger, die Jesus mit hinaufgenommen hat, Petrus, Johannes und Jakobus, erhalten durch den Heiligen Geist geöffnete Augen, daß sie in das Unsichtbare hineinsehen und schauen dürfen, was da geschieht. Wieder der Vater, der Sohn, der Heilige Geist unterschiedlich bei *einem* Vorgang beteiligt.

Ähnlich geschieht es in Joh. 12,27-30, der Parallelstelle zu Mark. 9, wo Jesus betet: „Vater, verherrliche deinen Namen", und die Stimme Gottes vom Himmel herab ertönt: „Ich habe ihn schon verherrlicht und werde ihn abermals verherrlichen." Und wiederum ist es das Werk des Heiligen Geistes, daß einigen Menschen, die das miterleben, so weit die Ohren geöffnet werden – diesmal die Ohren, nicht die Augen –, daß sie sagen können: „Ein Engel hat zu ihm geredet." Die meisten Menschen, die dabeistehen, sagen nur: „Es hat gedonnert."

Schließlich verweise ich auf die Steinigung des Stephanus (Apg. 7,54ff.). Dort heißt es: „Er aber, Stephanus, erfüllt mit dem Heiligen Geist, sah zum Himmel und sah die Herrlichkeit Gottes und Jesus stehen zur Rechten Gottes." Auch hier wieder ein Blick in das Unsichtbare, in den geöffneten Himmel als Werk des Heiligen Geistes zur Offenbarung von Gott Vater und Sohn, alle drei Personen dabei deutlich unterschieden.

Nehmen wir noch einige *Aussagen* zur Dreiheit Gottes, auch diese nur in einer kleinen Auswahl! Matth. 28,19 (der Taufbefehl): „Gehet hin und machet zu Jüngern alle Völker: Taufet sie auf den Namen des Vaters und des Sohnes und des Heiligen Geistes." Ich erinnere ferner an die Segensgrüße des Paulus in seinen Briefen, etwa 2. Kor. 13,13: „Die Gnade unseres Herrn Jesus Christus und die Liebe Gottes und die Gemeinschaft des Heiligen Geistes sei mit euch allen." Wieder die Dreiheit der drei Personen, jede ausdrücklich genannt! Ebenso hören wir im Eingang des Römerbriefes, daß das Evangelium Gottes – des Vaters – durch Paulus verkündigt und der Sohn Gottes bezeugt werden soll, der in das Fleisch gekommen ist, gesetzt zum Sohne Gottes durch den Heiligen Geist. Hier wie in 1. Kor. 6,11 ein Anklang an die drei Personen der Gottheit. Ich nenne ferner ein Wort Jesu an die Jünger aus den Abschiedsreden: „Wenn aber der Tröster kommen wird, den ich euch senden werde vom Vater, der Geist der Wahrheit, der vom Vater ausgeht, der wird Zeugnis geben von mir" (Joh. 15,26). Hier wird ebenfalls unterschiedlich von den drei Personen gesprochen: Der Geist geht vom Vater aus und offenbart den Sohn. Und noch eine letzte Stelle, die Frage nach Jesu Vollmacht (Joh. 8,17-18). Als zu Jesus gesagt wird: „Dein Zeugnis ist nicht wahr", antwortet er: „Ihr wißt aus der Heiligen Schrift, daß jede Aussage auf zweier Zeugen Mund zu stehen hat. Der Vater zeugt von mir, und ich zeuge von mir." Was hätte es für einen Sinn, hier von zwei Zeugen zu reden, wenn nicht der Vater und der Sohn verschiedene Personen wären! Natürlich kommt ein solches Selbstzeugnis im allgemeinen nicht an. Wer daraufhin die Vollmacht Jesu als Sohn Gottes anerkennt, ist bereits vom Heiligen Geist angerührt, so daß auch hier wieder die Dreiheit wirksam ist.

9.3 Die Bibel zur Einheit Gottes

Das mag genug sein an Bestätigungen aus der Heiligen Schrift, in denen uns die *Dreiheit* Gottes bezeugt wird. Dabei ist insbesondere deutlich geworden: Auch der Heilige Geist ist *Person*. Er ist ein „Er", nicht ein „Es". Er hat einen Willen, er herrscht, er führt, er leitet, er offenbart, er heiligt; alles Aussagen, die nur auf eine Person angewendet werden können.

Jetzt das Gegenstück! Es gibt auch viele Stellen im Neuen Testament, die unmißverständlich von der *Einheit* sprechen, klarer gesagt: von der Identität je zweier dieser Personen. Es genügt nicht, die Einheit nur in der Einigkeit – etwa im Geiste, in der Liebe, im Tun – zu sehen. Diese Einigkeit ist gewiß im vollkommensten Maße vorhanden, aber eben als Folge, als Ausdruck der Identität.

Ich beschränke mich für den Nachweis auf die wichtigsten Schriftstellen und nenne als erste Joh. 4,24: „Gott ist Geist, und die ihn anbeten, müssen ihn in Geist und Wahrheit anbeten." Gott ist Geist! Also sind Gott Vater und Gott Heiliger Geist identisch. Weiter Joh. 10,30: „Ich und der Vater sind eins", sagt Jesus als der Sohn Gottes. Also Identität von Gott Vater und Gott Sohn. Ähnlich Joh. 12,45: „Wer mich sieht, der sieht den, der mich gesandt hat." Oder Joh. 14,9: „Wer mich sieht, der sieht den Vater." Völlige Identität des Sohnes mit dem Vater. Schließlich 2. Kor. 3,17: „Der Herr aber" – und im Zusammenhang ist klar, daß Paulus vom Sohn redet, von Jesus Christus – „der Herr aber ist der Geist. Wo aber der Geist des Herrn ist, da ist Freiheit." Identität von Gott Sohn und Gott Heiliger Geist. Je zwei der drei Personen sind nach dem Zeugnis der Heiligen Schrift ein und dieselbe. Noch ein letztes Zeugnis (Kol. 2,9): „Denn in ihm wohnt die ganze Fülle der Gottheit leibhaftig." Alle drei Personen der Gottheit in der einen, dem Sohn Jesus Christus!

Man sieht, es lassen sich beide Aussagen in der Schrift einwandfrei belegen: Es sind drei verschiedene, deutlich zu unterscheidende Personen: Vater, Sohn und Heiliger Geist. Zum andern aber sind je zwei von ihnen ein und derselbe, und alle drei zusammen sind der eine: Jesus Christus. Ich fasse, was wir bis hierher als Material aus der Schrift erarbeitet haben, noch einmal zusammen.

1. *Die unbedingte Dreiheit*. Sie bedeutet, daß wir drei verschiedene Personen zu unterscheiden haben: den Vater, den Sohn und den Heiligen Geist. Jede dieser Personen ist verschieden von der anderen. Keine kann eine der anderen sein. Allerdings ist diese Dreiheit so, daß keine zwei ohne den Dritten existieren; immer sind alle drei gegenwärtig.

2. *Die unbedingte Einheit*. Die drei Personen der Gottheit sind *ein* Gott. Jeder von den Dreien wird als Gott bezeugt, und es gibt nur *einen* Gott. Christen glauben nicht an drei Götter. Gott wird nicht geteilt. Jede der drei Personen der Gottheit ist der ganze, der eine Gott, an den Christen glauben.

Diese Zusammenfassung klang auch sehr deutlich aus dem Glaubensbekenntnis nach Athanasius heraus, das ich an den Anfang dieses Kapitels gestellt hatte. Unser Denken kommt da nicht mit. Wir sind nicht so gebaut, daß wir das begreifen können. Ich weiß aus eigener Erfahrung und aus der Diskussion auch gerade mit jungen Menschen, wie viele hier gedanklich scheitern und darüber nicht den Zugang zum Glauben finden. Es hat auch wenig Wert, etwa mit dem Beispiel vom dreiblättrigen Kleeblatt zu kommen, wo drei Blätter in einem sind. Denn keines von den Dreien ist das Ganze, es ist immer nur ein Drittel. Ein solcher Erklärungsversuch mag für Kinder ausreichen. Besser ist der Vergleich mit den drei Aggregatzuständen der Materie, etwa des Wassers. Die *eine* Substanz H_2O kann als Eis, als Wasser und als Dampf existieren. Grundsätzlich ist das Geheimnis der Dreieinigkeit Gottes nicht anschaulich klarzumachen. Das müssen wir einfach zugeben.

Trotzdem gibt es Hilfen, aber sie liegen tiefer. Denn Gott selber kann so denken, daß für ihn kein Widerspruch zwischen der Dreiheit und der Einheit besteht. Gott hat ein anderes Denken als wir. „Denn meine Gedanken sind nicht eure Gedanken, und eure Wege sind nicht meine Wege, spricht der Herr. Sondern so viel der Himmel höher ist als die Erde, so sind auch meine Wege höher als eure Wege und meine Gedanken als eure Gedanken" (Jes. 55,8-9). Gott hat eine völlig andere Art und Möglichkeit zu denken als wir. Das liegt daran – wir wollen es ehrlich sehen und zugeben, auch wenn wir es nicht gern hören –, daß wir *mit* unserem Denken der *gefallenen Schöpfung* angehören, daß wir alle es nötig haben umzukehren, auf allen Gebieten, auch bei unserem Denken. Damit wird unsere natürliche Haltung, vor allem als Naturwissenschaftler, getroffen. Wir verstehen die Natur als Objekt, das wir erforschen und benutzen dürfen. Das ist richtig und uns geboten. Aber die dabei notwendige Haltung – die Wirklichkeit um uns als eine *res extensa,* als betrachtetes Objekt, uns selbst als *res cogitans,* als betrachtendes Subjekt zu verstehen –, ist zur Erkenntnis Gottes unbrauchbar und unzulänglich. Man vergleiche dazu auch die Ausführungen in Kapitel 2. Gott gegenüber müssen wir lernen, nicht von uns aus auf ihn zu, sondern von Gott her auf uns zu zu denken. Auch im Denken kommt es auf die 180°-Wendung an, die Umkehr, die *metanoia,* die Bekehrung. Wer sich, wenn er sich bekehrt, nicht bis in sein Denken hinein bekehrt, wird immer wieder in Zweifel geführt werden.

9.4 Wesenszüge der Dreieinigkeit

Bevor ich auf meine Interpretation der Dreieinigkeit Gottes als Naturwissenschaftler eingehe, muß ich einige entscheidende Wesenszüge dieser Dreieinigkeit herausstellen. Es handelt sich bei Gott Vater, Gott Sohn und Gott Heiliger Geist um drei Arten des *Seins.* Wir kommen nicht durch, wenn wir sagen: Es seien drei verschiedene Aspekte des *Handelns,* d.h. daß Gott sich manchmal als der Vater, manchmal als der Sohn und manchmal als der Heilige Geist erweise. Es geht auch nicht um drei verschiedene Äone (Zeitabschnitte): Daß er sich zu verschiedenen Zeiten als der Vater, als der Sohn, als der Geist offenbart habe. Nein, es sind wirklich drei Arten zu *sein.* Er *ist* Vater, er *ist* Sohn, er *ist* Heiliger Geist, und als solcher ist er in dieser Dreiheit immer der *Eine.* Natürlich tritt die eine oder andere Seite seines Wirkens zuweilen stärker hervor. So mag man die Zeit des Alten Testaments als den Äon des Vaters, die Zeit des Wirkens Jesu auf dieser Erde als den Äon des Sohnes und die Zeit seit Pfingsten als den Äon des Heiligen Geistes kennzeichnen. Aber wir müssen wohl beachten: Er *ist* Vater, er *ist* Sohn, er *ist* Heiliger Geist – jederzeit und überall!

Ferner ist – darauf hat Athanasius schon hingewiesen – eine besondere Reihenfolge erkennbar, wenn das Zeugnis der Bibel von der Dreieinigkeit spricht: Erst Gott der Vater, dann der Sohn, dann der Heilige Geist.

So hören wir es im allgemeinen bei den Segensgrüßen, ebenso beim Taufbefehl sowie bei anderen Formulierungen im Neuen Testament. Aber diese Reihenfolge darf nicht zeitlich verstanden werden, als ob zunächst der Vater gewesen sei, danach einmal der Sohn, zuletzt der Heilige Geist. Es gilt vielmehr, was Athanasius sagt: „Gott ist ewig, der Sohn ist ewig, der Heilige Geist ist ewig. Aber es sind nicht drei Ewige, es ist *ein* Ewiger." Die Reihenfolge darf auch nicht quantitativ oder qualitativ verstanden werden, als ob einer größer wäre oder mächtiger oder einflußreicher als die beiden anderen. Nein, jeder von den Dreien ist allmächtig. Auch das hat Athanasius sehr richtig betont.

Wir können, wenn wir die Reihenfolge recht sehen wollen, sie am besten als eine kausale, eine logische Reihenfolge verstehen. Jesus verheißt den Jüngern in seinen Abschiedsreden: „Wenn ich zum Vater gehe, werde ich euch den Heiligen Geist senden; der Geist, der vom Vater ausgeht, wird mich bezeugen." Das ist eine ursächlich bedingte Reihenfolge. Der Geist geht vom Vater aus und bezeugt den Sohn; dies ist das einzige, was von der Schrift her als Reihenfolge zu erkennen ist. Es handelt sich weder um eine temporale noch um eine qualitative, sondern um eine logische, strukturelle Aussage. Gott der Vater ist die Quelle, von der der Geist ausgeht. Die Quelle offenbart sich im Sohn und verströmt sich im Heiligen Geist auf uns. „Die Liebe Gottes ist ausgegossen in unsre Herzen durch den Heiligen Geist" (Röm. 5,5).

Noch eine dritte Eigentümlichkeit dieser Dreiheit bezeugt die Schrift. Der Vater ist unsichtbar, der Sohn als Verkörperung des Vaters – in ihm wurde Gott wirklich Mensch und auch wirklich Gott Mensch – ist sichtbar; der Heilige Geist ist wiederum unsichtbar. Jesus, der

Sohn, offenbart den Vater; der Heilige Geist bezeugt den Sohn.

Die Einheit der göttlichen Dreiheit erweist sich nach der Schrift vor allem in der *Liebe* zueinander und zu den Geschöpfen, im *Leiden* miteinander für die Verlorenen und im *Wollen* untereinander mit dem Ziel unserer Rettung. Insbesondere ist es die Einheit des Willens, die immer wieder betont wird. Jesus sagt: „Meine Speise ist die, daß ich den Willen dessen tue, der mich gesandt hat, und sein Werk vollende" (Joh. 4,34). „Der Sohn kann nichts von sich aus tun, sondern nur, was er den Vater tun sieht; denn was dieser tut, das tut ebenso auch der Sohn" (Joh. 5,19). „Ich kann nichts von mir aus tun. Wie ich höre, so richte ich, und mein Gericht ist gerecht; denn ich suche nicht meinen Willen, sondern den Willen dessen, der mich gesandt hat" (Joh. 5,30). „Ich bin nicht von mir selbst aus gekommen, sondern es ist ein Wahrhaftiger, der mich gesandt hat" (Joh. 7,28). „Ich rede, wie mich der Vater gelehrt hat" (Joh. 8,28). „Wenn aber jener, der Geist der Wahrheit, kommen wird, wird er euch in die ganze Wahrheit leiten. Denn er wird nicht von sich aus reden, sondern was er hören wird, das wird er reden. Er wird mich verherrlichen; denn von dem Meinen wird er's nehmen und euch verkündigen" (Joh. 16,13-14).

9.5 Erkennbarkeit Gottes in der Schöpfung, in Raum, Zeit und Materie

Soviel über die der Bibel zu entnehmenden Wesenszüge in dem Glauben an den Dreieinigen Gott. Ich möchte es mit dieser knappen Darstellung bewenden lassen, um die eigentliche Frage anzugehen, die zunächst sehr befremdlich klingen mag: Was hat die Naturwissenschaft mit diesem Glauben an die Dreieinigkeit Gottes zu tun? Man sieht vorerst keinen Zugang, und wir müssen auch sehr behutsam sein, wenn wir in dieses unbegreifliche Geheimnis eindringen wollen. Ich kann im Grunde genommen nichts dazu sagen von der Naturwissenschaft her, sondern nur von der Schöpfung her. Ich denke an Röm. 1,19-21. Dort heißt es: „Denn was man von Gott erkennen kann, ist unter ihnen, den Menschen, offenbar; denn Gott hat es ihnen offenbart. Sein unsichtbares Wesen, das ist seine ewige Kraft und Gottheit, ist seit Erschaffung der Welt, wenn man es in den Werken betrachtet, deutlich zu sehen, damit sie, die Menschen, keine Entschuldigung haben, weil sie Gott zwar kannten, ihm aber doch nicht als Gott Ehre und Dank erwiesen."

Diese Aussage der Schrift, daß man Gottes Wesen, seine ewige Kraft und Gottheit, an den Werken, die er geschaffen hat, erkennen kann, daß er sich auch hierin offenbart – das allein ermutigt mich zu dem Versuch, das Geheimnis um den Dreieinigen Gott als Naturwissenschaftler weiter zu entfalten.

Was ist nun Schöpfung? Hier kann ich nur sehr nüchtern, wie es einem Naturwissenschaftler geziemt, einige Grundstrukturen betrachten. Es geht mir nur um Raum, Zeit und Materie und – als Krone der Schöpfung – um den Menschen. Ich will versuchen, an diesen vier Begriffen, als Schöpfungswerke verstanden, das Geheimnis der Dreieinigkeit aufleuchten zu lassen – damit wir sehen, es ist tatsächlich aus seinen Werken das Geheimnis der Dreieinigkeit Gottes zu erkennen, wie die Schrift sagt.

Vorweg muß ich bemerken, daß nach der exakten Naturwissenschaft Raum und Zeit abhängig von der Materie sind. Sie existieren nicht für sich, sind keine Absoluta, sondern Eigenschaften der Materie. Nur, wo Materie ist, gibt es Raum, gibt es Zeit. Und als Glaubender weiß ich vom Zeugnis der Schrift, daß Gott nur durch sein Wort wirkt und so auch alles geschaffen hat. Sein Wort ist Kraft, die sich ereignet: „Wenn er spricht, so geschieht's" (Ps. 33,9). Andererseits weiß ich als Naturwissenschaftler, daß Materie Energie ist, Elementarteilchen kontingente Ereignisse sind und daher Materie etwas ist, das geschieht. Füge ich beides zusammen, so darf ich sagen: Wenn Gott spricht, um etwas zu schaffen, so manifestiert sich sein Wort in unbegreifbarer Weise als kontingentes Ereignis und setzt damit Energie. So hat er beim Schöpfungsvorgang sein Wort sich als Energie manifestieren lassen, als ein Kraftfeld, ein Schwingungsfeld, das den ganzen Kosmos aufspannt. In diesem Kraftfeld bilden sich nach seinem Willen Energieballungen, die äußerst schnell umeinander kreisen und so Atome, Moleküle, kosmischen Staub in turbulenter Bewegung, mit einem Wort Materie konstituieren. Nachdem so durch Gottes schöpfungsmächtiges Wort die Materie gesetzt war, als ein dynamisches, nicht als ein statisches Sein, entstanden Raum und Zeit als Eigenschaften der Materie. In diesem Sinne sind nach dem Zeugnis der Schrift nicht nur Materie, sondern auch Raum und Zeit Schöpfungswerke Gottes. Wenn mir die Bibel nun sagt, seine ewige Kraft und Gottheit sei an seinen Werken zu erkennen, so müßte das am Raum zu erkennen sein. Es müßte auch an der Zeit, ebenso an der Materie zu erkennen sein. Es müßte schließlich am Menschen zu erkennen sein; denn auch der Mensch ist ein Schöpfungswerk Gottes.

Der *Raum* hat drei Dimensionen: Länge, Breite, Höhe. Genau drei deutlich unterscheidbare Begriffe, nicht mehr und nicht weniger. Die Länge ist nicht dasselbe wie die Höhe, die Höhe ist nicht dasselbe wie die Breite. Was man im einzelnen Länge und Höhe und Breite nennt, ist natürlich Konvention. Anschaulich ausgedrückt: Länge ist die Dimension, bei der wir vorn und hinten, Breite die Dimension, bei der wir rechts und links, Höhe die Dimension, bei der wir oben und unten unterscheiden. Alle drei machen das Ganze des Raumes aus, keine ist eine der anderen, und keine zwei können ohne die dritte sein.

Doch nun das Gegenstück: *Jede* von ihnen ist der *ganze* Raum. Um das aufzuzeigen, muß ich zwei Minuten als der Mathematiker reden, der ich bin. Um einen Raumteil zu integrieren, zerlegen wir ihn, anschaulich gesagt, in sehr dünne ebene Schichten und diese Schichten in gerade Linien und summieren in einem bestimmten Grenzprozeß erst die Geraden, dann die ebenen Schichten auf. Man betrachte etwa einen Saal oder ein Zimmer und denke sich durch den Raum einen Zwirnsfaden gespannt, eine gerade Linie als Repräsentanten für die Breite des Raumes. Dann kann man das Innere des Raumes aus unendlich vielen parallelen Geraden aufbauen, indem man die als Repräsentanten gewählte gerade Linie parallel zu sich senkrecht nach oben oder unten verschiebt – dadurch entsteht eine Ebene – und diese Ebene dann parallel zu sich nach vorn oder hinten. In dieser Weise erscheint das Rauminnere aus unendlich vielen parallelen Geraden zusammengesetzt, deren jede *Breite* ist: Der Raum ist ganz und gar Breite, die Breite ist der ganze Raum; von Länge und Höhe ist nichts mehr zu sehen.

Entsprechendes gilt für die Höhe: Ein Zwirnsfaden, senkrecht vom Boden zur Decke gespannt, liefert den Repräsentanten der Höhe. Parallel zu sich nach rechts oder links verschoben, erzeugt er eine Ebene, die ihrerseits, parallel zu sich nach vorn oder hinten verschoben, den Raum in unendlich viele Ebenen aufteilt, deren jede aus unendlich vielen nebeneinander stehenden Höhen besteht. Der ganze Raum erscheint so als Höhe. Genauso kann man bei der Länge verfahren. Mathematisch kommt es darauf hinaus, daß es in einem solchen Fall gleichgültig ist, ob ich bei der Integration nach x, y und z mit der Integration nach x (Breite) oder mit der nach y (Höhe) oder mit der nach z (Länge) beginne.

Der Raum als Schöpfungswerk Gottes spiegelt also die Dreieinigkeit wieder, indem er aus den drei verschiedenen Dimensionen Länge, Höhe und Breite besteht und zugleich ganz und gar Höhe, ganz und gar Breite, ganz und gar Länge ist. Drei unterschiedliche Kennzeichen für das eine, das wir Raum nennen, und dennoch jedes von den Dreien das Ganze.

Wenn Paulus in Eph. 3, 18 dafür betet, daß die Gläubigen mit allen Heiligen begreifen mögen, welches da sei „die Breite und die Länge und die Höhe und die Tiefe", so meint er damit zunächst die drei Dimensionen der Schöpfung, des Sichtbaren. Mit der Tiefe bezeichnet er die „Dimension" des Unsichtbaren. Auch die sollen wir begreifen! Man bedenke von daher noch einmal die Ausführungen in Kapitel 2 über die entscheidende Wirklichkeit.

Man betrachte als nächsten den Begriff der *Zeit*. Auch die Zeit ist ein Schöpfungswerk Gottes. Sie zerfällt in Vergangenheit, Gegenwart, Zukunft. Auch für das naturwissenschaftliche Denken ist Zeit nichts Absolutes mehr, nichts, das „seit Ewigkeit" abläuft und „in alle Ewigkeit" weiter laufen wird. Zeit ist in dem Augenblick entstanden, als die Materie von Gott gesetzt wurde. Als Naturwissenschaftler geben wir der Welt ein Alter von einigen Milliarden Jahren; solange gibt es also Zeit.[21] Wir sehen aber auch ein Ende für das Weltall in höchstens zehn Milliarden Jahren. Wenn diese Frist abgelaufen sein wird – falls Gott uns überhaupt noch so viel Zeit läßt –, ist die Zeit zu Ende, dann gibt es keine Zeit mehr.

Die drei verschiedenen Abschnitte der Zeit: Vergangenheit, Gegenwart, Zukunft lassen sich deutlich voneinander trennen. Wir wissen von der Vergangenheit, wir erleben die Gegenwart, wir warten auf die Zukunft. Natürlich wird jeder gegenwärtige Zeitpunkt einmal Vergangenheit und war einmal Zukunft. So können keine zwei ohne das dritte sein. Jede Zeitkategorie für sich ist eine Weise zu sein, und alle drei zusammen machen das Ganze der Zeit aus.

Nun wieder das Gegenstück: Jede der drei ist das Ganze! Am Anfang der Schöpfung, am Anfang der Zeit, als Gott sprach: „Es werde Licht", und mit diesem Befehl die Energie setzte, die das Weltall als Kraftfeld aufspannt, da war alle Zeit Zukunft. Die Zukunft war das Ganze der Zeit. Und ebenso wird die ganze Zeit einmal Gegenwart: Der Strom der Zeit fließt durch jeden gegenwärtigen Zeitpunkt hindurch. Das Ganze der Zeit ist also auch Gegenwart. Schließlich wird es geschehen: Am Ende dieser Schöpfung – wann immer dieses Ende eintritt, ob es wieder durch Gott gesetzt wird, woran wir glauben, oder ob alles Geschehen von selbst ausläuft –, am Ende ist alle Zeit vergangen. Das Ganze der Zeit wird dann Vergangenheit sein.

Drei Stellen der Offenbarung Johannis bestätigen das. In Offb. 10,6 heißt es: „*Es wird keine Zeit mehr sein,* sondern ... das Geheimnis Gottes ist vollendet." Und nach Offb. 11,17 und 16,5 preisen Älteste und Engel Gott, den Herrn, anbetend mit den Worten: „Gerecht bist du, *der du bist und der du warst,* du Heiliger!" Es heißt hier nicht mehr, wie sonst in der Schrift: „der ist und der war und der sein wird." Nach Gottes Verheißung werden Himmel und Erde, d.h. das Weltall, vergehen. Für die neue Erde und den neuen Himmel wird es Zeit nicht geben. Wir werden ewiges Leben haben.

Wir können hier aber noch weitere Parallelen zum Wesen der Dreieinigkeit Gottes ziehen. Wo nämlich liegt die Quelle der Zeit? Manche sehen sie in der Vergangenheit. Der Strom der Zeit laufe sozusagen mit uns mit. Ich meine aber, er kommt uns entgegen. Die Quelle der Zeit ist die Zukunft. Sie wird Gegenwart und geht über in die Vergangenheit. Die Zukunft ist die Quelle der Zeit, wie Gott der Vater die Quelle ist, von der der Heilige Geist ausgeht. Die Zeit erweist sich in der Gegenwart, wie der Vater sich im Sohn offenbart. Die Zeit wird Vergangenheit und beeinflußt und belehrt uns als Geschichte für das Leben in der Gegenwart, wie der Heilige Geist uns erleuchtet für den Wandel in Christus, im Sohn. Man darf auch hierin ein klares Analogon zum Wesen der Dreieinigkeit sehen. Es gibt noch eine weitere Parallele: Die Zukunft ist unsichtbar – wie Gott Vater. Die Vergangenheit ist unsichtbar – wie der Heilige Geist. Die Gegenwart allein ist sichtbar, d.h. erlebbar – wie der Sohn, der allein sichtbar auf dieser Erde wandelte und den wir im Glauben als gegenwärtig erleben dürfen (Matth. 18,20).

Man sieht also sehr deutlich, wie stark im Begriff der Zeit, als einem Werk Gottes, die Wesensart des Dreieinigen Gottes sich offenbart. Ich möchte sagen: Es ist mehr als Analogie, es ist Identität; natürlich nicht in der Substanz, aber im Grundsätzlichen.

Nun die *Materie.* Wo ist die Dreiheit, die wir der Materie zuweisen können? Einmal die Kraft, die Energie, zum andern die Bewegung, zum dritten die Erscheinung, das Phänomen. Die Kraft ist das Ursprüngliche, das Vorgänge mittels Bewegung in Erscheinung treten läßt. Und es ist wohl plausibel – ich verzichte darauf, das näher auszuführen –, daß alles materielle Geschehen sich aus diesen drei Komponenten aufbaut: Kraft, Bewegung, Erscheinung. Alle drei zusammen bilden das Ganze der Materie. Und keine von ihnen kann eine der anderen sein. Ferner können keine zwei ohne die dritte sein. Es liegt im Wesen der Kraft, Bewegung und damit Phänomene zu erzeugen. Umgekehrt kann Bewegung nicht sein ohne Kraft, und ebenso wenig gibt es Bewegung, ohne daß Phänomene von ihr ausgehen. Und Phänomene wiederum bedürfen der Bewegung und damit auch der Kraft, um wahrgenommen zu werden.

Und wiederum ist jedes von den dreien das Ganze. Wie die Naturwissenschaft erkannt hat, ist Materie gleichbedeutend mit Energie. So ist Energie, d.h. Kraft, das Ganze der Materie. Kraft aber setzt sich ständig um in Bewegung. Man denke sich ein beliebiges Materiestück über seine Zellen, Moleküle und Atome in Elementarteilchen zerlegt, die mit oder in ihrem Strukturwandel unaufhörlich in Bewegung sind. So erscheint das Stück Materie als ein turbulentes Gewimmel kleinster Einheiten. Mithin ist auch Bewegung das Ganze der Materie. Tatsächlich nehmen wir aber weder die Kraft noch die Bewegung direkt wahr, sondern nur die durch sie ausgelösten Phänomene. Unsere Sinne registrieren, auch unterstützt von den schärfsten Instrumenten, nur Phänomene, Wirkungen. So sind auch Phänomene das Ganze der Materie. Die Materie hat also ebenfalls zugleich den Charakter der unbedingten Dreiheit *und* den der unbedingten Einheit – wie ihn die Bibel über das Wesen Gottes bezeugt. Und jede der drei Komponenten – Kraft, Bewegung, Erscheinung – ist eine Art zu *sein*. Das Universum selbst, als Materie verstanden, *ist* Kraft, *ist* Bewegung, *ist* Erscheinung; es ist nicht etwas davon Getrenntes, das *durch* Kraft, Bewegung, Erscheinung sich betätigt.

Doch die Parallele geht noch weiter. Kraft ist das erste, Bewegung das zweite, Erscheinung das dritte; nicht so sehr in zeitlicher wie in logischer, kausaler Folge. Kraft ist die Quelle; sie erzeugt Bewegung, verkörpert sich in Bewegung, wirkt durch Bewegung. Umgekehrt macht Bewegung Kraft wirksam, vollführt die Möglichkeiten der Kraft. Die Erscheinungen schließlich zeugen von der Bewegung, enthüllen und interpretieren sie. Sie sind das Mittel, durch das die Bewegung uns erreicht. Ausgehend von der Kraft kommen durch die Bewegung die Erscheinungen zu uns – in kategorialer Analogie zu der biblischen Aussage, daß der Vater sich im Sohn verkörpert, der Sohn nur wirkt, was er den Vater wirken sieht, und der Heilige Geist, der vom Vater ausgeht, durch den Sohn zu uns gesandt wird.

Ich darf also zusammenfassen: Der Raum ist seiner Struktur nach eine Dreieinigkeit, die Zeit ist es, die Materie ist es – je eine Dreieinigkeit von der Art der Dreieinigkeit Gottes, wie sie uns in der Bibel bezeugt wird. Aber es geht noch weiter: Raum, Zeit, Materie sind selbst eine Dreiheit, die das Ganze des physikalischen Universums ausmacht und diesem Ganzen wiederum den Charakter einer solchen Dreieinigkeit verleiht. Ich will das nicht weiter ausführen. Wem erst die Augen geöffnet worden sind, der sieht überall in der Struktur des Universums, d.h. der Schöpfung, das Ebenbild Gottes, die Dreieinigkeit, widergespiegelt. So möchte ich mich mit dem Universum nicht weiter aufhalten, sondern mich jetzt dem Menschen, der Krone der Schöpfung, zuwenden, d.h. uns selbst.

9.6 Ebenbildlichkeit des Menschen

Als letztes Beispiel also der *Mensch*. Auch er ist ein Schöpfungswerk Gottes: „Gott schuf den Menschen ihm zum Bilde, zum Bilde Gottes schuf er ihn." Und vielleicht hören wir auf einmal ganz neu, was Ebenbildlichkeit eigentlich bedeutet. Es geht nicht darum, daß wir äußerlich so aussehen wie Gott. Jede anthropomorphe Vorstellung von Gott ist falsch. Das ist mit der Ebenbildlichkeit keineswegs gemeint. Er schuf uns ihm zum Bilde, d.h. wir sind in einer bestimmten Weise *Abbild des Dreieinigen Gottes*. Gilt das aber auch noch vom Menschen nach dem Sündenfall? Ich meine, ja. Wenn die Vertreibung aus dem Paradies, d.h. die Verstoßung aus der ungetrübten Gemeinschaft mit Gott, zwar die entschiedene *geistliche* Trennung von Gott zur Folge hatte – den geistlichen, nicht den physischen Tod –, aber die *fleischliche,* d.h. leiblich-seelisch-geistige Struktur des Menschen dabei gewahrt blieb, so muß auch in dieser die Dreieinigkeit Gottes als Abbild feststellbar sein.

Worin besteht zunächst die *Dreiheit* des Menschen? Wir können etwa Person, Wesen und Persönlichkeit unterscheiden. Das erste, was wir am anderen erkennen, ist die äußere Erscheinung, die *Person*. Wer uns dann näher kennenlernt, der weiß um den inneren Menschen bei uns, um das *Wesen*. Im Einwirken aufeinander zeigt sich schließlich die *Persönlichkeit,* die geistige Ausprägung. Natürlich kann man auch die Bezeichnungen Leib, Seele, Geist verwenden, um die Dreiheit des Menschen zu beschreiben. *Leib* für die äußere Erscheinung, *Seele* für die innere Veranlagung, *Geist* für die Ausstrahlung auf andere. Diese drei untereinander verschiedenen Kategorien machen das Ganze des Menschen aus. In dieser Weise ist er vollständig erfaßt innerhalb der sichtbaren, gegenständlichen Welt, um die es sich jetzt handelt.

So ist der Mensch mit Leib, Seele, Geist ein Ganzes aus drei zwar ineinander verwobenen, aber doch deutlich unterscheidbaren Bereichen. Nun wieder das Gegenstück! *Jeder* dieser drei Bereiche macht *zugleich* das *Ganze* des Menschen aus. Wir haben den ganzen Menschen, wenn wir ihn nur als Person vor uns sehen. Das zeigen alle Statistiken über Einwohnerzahlen oder Verkehrsunfälle, über die Zahl der Vollbeschäftigten, der Arbeitslosen, der Wahlberechtigten, der Mitglieder einer Partei oder eines Vereins. Das lehren ebenso die Sterblichkeitstafeln einer Lebensversicherungsgesellschaft. *Wer* im Laufe eines Jahres stirbt, spielt dabei keine Rolle; es kommt nur darauf an, *wieviele* Personen einer Alters- oder Gefahrenklasse vom Tode ereilt werden. Auch gibt es große Bereiche, in denen der Mensch nur noch Nummer ist, Arbeitskraft, ersetzbar, auswechselbar durch einen andern. In diesen Fällen ist mit der Person, mit dem Leib, stets der *ganze* Mensch gemeint.

Ebenso aber haben wir den ganzen Menschen vor uns, wenn wir ihn seiner inneren Veranlagung, seinem Wesen nach ansehen. In allen Partnerschaften: in der Freundschaft, in der Ehe, im Verhältnis von Eltern und Kind, Lehrer und Schüler, Vorgesetzter und Mitarbeiter steht – wenn die Beziehung echt, d.h. auf Achtung voreinander gegründet ist – die innere Veranlagung, die Seele, für den ganzen Menschen.

Und schließlich haben wir das Ganze des Menschen vor uns, wenn wir ihn als Persönlichkeit verstehen, vom Geist her werten. Damit gehen wir sozusagen in die Geschichte ein. „Männer machen die Geschichte!" meint man häufig. Inwiefern? Es ist ihr Wirken nach außen, ihr Geist, der sich ausprägt und in seiner Leistung gewertet wird. „Es wird die Spur von meinen Erdentagen nicht in Äonen untergehen!" Sokrates lebt auch heute noch in einer gewissen Unsterblichkeit weiter. Aber was ist es? Sein Leib? Keineswegs. Seine Seele? Keineswegs. Nur sein Geist. Seine geistige Leistung, die das Denken der Menschen geprägt hat. So ist es im Kleinen bei jedem Menschen. Am Geist, an der Leistung wird er gemessen, und damit ist er als ganzer Mensch gemeint.

In diesem Sinne ist je die Person (der Leib), das Wesen (die Seele), die Persönlichkeit (der Geist) das Ganze des Menschen, wobei es hier wieder jeweils um drei verschiedene Arten des *Seins* geht. Weiter haben die drei Bestimmungsstücke eine bestimmte Ordnung und Reihenfolge: Erst die innere Struktur, die Seele; dann die äußere Erscheinung, der Leib; schließlich die Wirkung nach außen, der Geist. Wir sollen nicht umgekehrt von einer Ideal-Persönlichkeit her wirken wollen und unser Inneres, die Seele, dementsprechend verbiegen. Wir machen es zwar oft und setzen eine Maske auf. Aber das gibt Verkrampfungen. In Existenzkrisen fällt die Maske, kommt der eigentliche, innere Mensch zum Ausdruck. Die Seele ist die Quelle, die sich im Leib verkörpert und durch den Geist nach außen wirkt.

Weiter gilt: Der innere Mensch, die Seele, ist unsichtbar, wir können sie nicht fassen. Auch wenn heute sehr indiskret mit Tiefenpsychologie, Psychotherapie usw. immer wieder versucht wird, in den Menschen einzudringen. Ebenso ist der Geist unsichtbar, man kann ihn nicht fassen. Sichtbar allein ist die Person, der Leib, das Äußere.

So spiegeln wir noch als gefallene Menschen das Wesen der Dreieinigkeit Gottes wider. Und ich möchte auch hier betonen: Es handelt sich nicht nur um Analogie; es ist mehr, es ist Identität – nicht in der Substanz, nicht in der Qualität, aber in der Struktur, im Grundsätzlichen. Gott hat uns ursprünglich als sein Wesensabbild erschaffen, und der Sündenfall hat uns dieser Eigenart nicht entkleidet. In anderer Weise aber haben wir Schaden genommen. Wir sind dadurch von Gott getrennt worden, und das innerste Zentrum in uns – das Herz, wie es die Bibel nennt –, das uns die ungetrübte Gemeinschaft mit Gott vermittelte, ist erstorben. Bis heute hängt, sooft das Wort Gottes vorgelesen wird, eine Decke vor unserem Herzen. Sobald aber das Herz sich zum Herrn bekehrt, wird die Decke weggenommen (vgl. 2. Kor. 3, 15-16), und dann gilt: „Bei uns allen spiegelt sich die Herrlichkeit des Herrn in unserem aufgedeckten Angesicht, und wir werden verklärt in sein Bild von einer Herrlichkeit zur anderen von dem Herrn, der der Geist ist" (2. Kor. 3, 18).

Diese Verheißung zeigt: Das Herz – mit dem wir in der unsichtbaren Wirklichkeit Gottes verhaftet sind – ist noch da, als Gewissen, nur verhängt, verdunkelt, verhärtet. Gott aber will uns ein neues Herz geben, das steinerne in ein lebendiges Herz verwandeln (Hes. 36,26), in ein brauchbares Empfangsorgan für Gottes Geist und Gottes Wort. Dies Herz zählt bei Gott als der *ganze* Mensch (vgl. etwa 1. Sam. 16,7; Spr. 23,26; Dan. 4,13;

1. Petr. 3,4). Gott schaut nur auf unser Herz, arbeitet nur an unserem Herzen. Hat es sich zum Herrn bekehrt, d.h. glaubt es an Jesus Christus als seinen Herrn und Erlöser (Röm. 10,10; Eph. 3,17), so ist die Decke abgetan und die Dreiheit des natürlichen Menschen aufgegangen in der Einheit des geistlichen Menschen, des inwendigen Menschen im Unsichtbaren.

Ich bin überzeugt, daß Gott sich uns im Sichtbaren nicht anders offenbaren will als in der Dreiheit. Weil er seine Schöpfung in ihrer Struktur „dreidimensional" angelegt hat – als Ganzes, als Universum sowohl wie im Einzelnen, in bezug auf den Raum, in bezug auf die Zeit, in bezug auf die Materie, in bezug auf den Menschen – ist er in ihr, d.h. im Sichtbaren, ebenfalls nur in den drei Personen erkennbar. Im Unsichtbaren aber ist er der Eine. Wenn wir nach unserem Tode in das Unsichtbare hinübergehen, werden wir ihn sehen, wie er wirklich ist: als den Einen. Dann fällt mit dem natürlichen Leib, der gesät wird, alles Dreidimensionale, alles Irdische von uns ab. Der geistliche Leib, der auferweckt wird, mit dem wir auferstehen, ist ganz anders geartet als der jetzige Leib.[22] Er umkleidet unser „Herz" – das Ganze, das von uns ins Unsichtbare hinübergeht – und ist damit *Einheit,* wie Gott der Eine ist von Ewigkeit zu Ewigkeit. Dann erst werden wir begreifen, daß beides richtig war: Daß er der Eine ist dort, wo er wohnt, im Unsichtbaren, und wir deshalb nur an den *einen* Gott glauben; daß er aber in das Sichtbare hinein sich in den *drei* Personen offenbart und der scheinbare Widerspruch in diesem Geheimnis nur schöpfungsbedingt ist, weil er ganz auf unserem begrenzten, an Raum, Zeit und Materie gebundenen Erkenntnisvermögen beruht. Bis dahin können wir ihn nur im Glauben, d.h. vom Herzen her, erfassen, und zwar nur als Einen in den drei Personen: Vater, Sohn und Heiliger Geist.

9.7 Die Präexistenz Jesu

Als Abschluß und Anwendung gehe ich auf eine Frage ein, die manchen Christen eine besondere gedankliche Schwierigkeit bereitet: die Einheit und die Verschiedenheit von Gott, dem Vater, und Gott, dem Sohn, hinsichtlich der sogenannten Präexistenz des Sohnes beim Vater.

Auf diese Paradoxie weist uns Jesus selbst hin und fordert uns dadurch auf, darüber nachzudenken. Denn in Matth. 22,41 ff. heißt es: „Als nun die Pharisäer beieinander waren, fragte sie Jesus: Was denkt ihr von dem Christus? Wessen Sohn ist er? Sie antworteten: Davids. Da fragte er sie: Wie kann ihn dann David durch den Geist ‚Herr‘ nennen, indem er sagt: ‚Der Herr sprach zu meinem Herrn: Setze dich zu meiner Rechten, bis ich deine Feinde unter deine Füße lege‘? Wenn nun David ihn ‚Herr‘ nennt, wie kann er dann sein Sohn sein?"

Auf diese Frage „konnte ihm niemand ein Wort antworten", berichtet uns Matthäus. So brauchen auch wir uns nicht zu schämen, wenn wir nicht in das Geheimnis eindringen können. Doch wollen wir, auf Jesu Frage an uns hin, das Material erarbeiten und den Weg erkunden, die als Basis für eine Meditation über das Geheimnis Präexistenz und Menschwerdung von Gottes Sohn dienen können.

Johannes bezeugt: „Im Anfang war das Wort, und das Wort war bei Gott, und Gott war das Wort" (Joh. 1,1). Jesus fragte seine Jünger: „Wie, wenn ihr nun den Sohn des Menschen dorthin werdet auffahren sehen, wo er zuvor war?" (Joh. 6,62). Er setzte Juden in Verwunderung, als er ihnen antwortete: „Wahrlich, wahrlich, ich sage euch, ehe Abraham ward, bin ich" (Joh. 8,58). Und er betete: „Und nun, Vater, verherrliche du mich bei dir mit der Herrlichkeit, die ich bei dir hatte, ehe die Welt war" (Joh. 17,5). Paulus schließlich schreibt: „Diese Gesinnung heget in euch, die auch in Christus Jesus war, der, als er in Gottes Gestalt war, es nicht für einen Raub hielt, wie Gott zu sein, sondern sich selbst entäußerte" (Phil. 2,5-7). Diese und andere Schriftstellen bezeugen, daß Jesus vor Grundlegung der Welt, von Ewigkeit her beim Vater ist.

Auf der anderen Seite heißt es: „Das Wort ward Fleisch" (Joh. 1,14), und Maria wurde zugesprochen: „Der heilige Geist wird über dich kommen, und die Kraft des Höchsten wird dich überschatten; darum wird auch das Heilige, das geboren wird, Gottes Sohn genannt werden" (Luk. 1,35). Ferner bekennt Jesus vor Pilatus: „Ich bin dazu geboren und in die Welt gekommen, daß ich die Wahrheit bezeugen soll" (Joh. 18,37). Und Paulus bezeugt: „Gott sandte seinen Sohn, geboren von einer Frau" (Gal. 4,4), „der aus der Nachkommenschaft Davids hervorgegangen ist nach dem Fleische" (Röm. 1,3). Diese und andere Schriftstellen bezeugen, daß Jesus, vom Worte Gottes gezeugt, als Mensch geboren wurde und erst dadurch und seitdem als Gottes Sohn verstanden wird.

Es geht mir jetzt nicht um das Geheimnis der Jungfrauengeburt – darauf bin ich im 4. Kapitel ausführlich eingegangen –, sondern um das Geheimnis von Präexistenz und Menschwerdung Jesu. Wie kann der Sohn, der zuvor beim Vater gewesen ist und als einziger Gott, den Vater, gesehen hat (Joh. 1,18; 6,46), der vom Himmel herabgekommen ist (Joh. 6,38), dennoch im Schoß einer Frau gezeugt und als Kind geboren worden sein? Man ist versucht, mit den Juden zu murren: „Ist das nicht Jesus, der Sohn Josephs, dessen Vater und Mutter wir kennen? Wie kann er jetzt sagen: Ich bin vom Himmel gekommen?" (Joh. 6,42). Oder mit Nikodemus zu fragen: „Wie kann ein Mensch geboren werden, wenn er alt ist?" (Joh. 3,4).

Wer hier gedankliche Klärung sucht, möge zunächst beachten: Das Geheimnis des Sohnes, der von Ewigkeit her beim Vater ist und doch uns zugut in der Krippe von Bethlehem als Mensch geboren wurde, ist in dem großen Geheimnis der Dreieinigkeit Gottes mit beschlossen. Dann aber darf er sich diesem Geheimnis in der rechten Ehrfurcht und Einfalt nahen und folgendes meditieren:

1. Gott ist im *Unsichtbaren* nur der *Eine*. Es wäre eine unerlaubte Extrapolation vom Sichtbaren in das Unsichtbare, sich Gott dort auch als in drei Personen existierend zu denken. Wir müssen zugeben, daß uns unser Vorstellungsvermögen, das uns für das Sichtbare gegeben ist, im Stich läßt, wenn wir versuchen, ins Unsichtbare einzudringen. Alle Aussagen in der Schrift über das Unsichtbare, die Himmel, werden uns in Gleichnissen gesagt, d.h. in Begriffen des Sichtbaren, die nur ein Abbild, d.h. ein Modell, nicht eine Seinsbeschreibung vermitteln. Lediglich um unserer „Herzenshärtigkeit" willen (vgl. Matth. 19,8) dürfen wir als Geschöpfe, die aus der Gemeinschaft und Einheit mit Gott, dem Schöpfer, herausgefallen sind, zu und von Gott reden, *als ob es* auch im Unsichtbaren die drei Personen der Gottheit gäbe, wie es die Schrift, um unserer gefallenen Geschöpflichkeit willen, immer wieder tut. So geschieht es z.B. in

allen Visionen, die Johannes auf Patmos vom Unsichtbaren empfing und von denen er im Buch der Offenbarung Johannis schreibt. Stets wird auf die menschlichen Vorstellungen von Gott, dem Vater, und von Gott, dem Sohn, und von Gott, dem Heiligen Geist, bezug genommen. Aber darüber dürfen wir nicht vergessen, daß Gott im Unsichtbaren stets der Eine ist (Mark. 12,29-32).

2. In das *Sichtbare* hinein offenbart sich Gott in der *Dreiheit,* wobei allerdings Gott Vater und Gott Heiliger Geist unsichtbar bleiben und nur in ihren Wirkungen erfahrbar sind, während Gott Sohn sichtbar in Erscheinung getreten ist, d.h. Fleisch und Blut angenommen hat. Das ist mehrfach und auf unterschiedliche Art geschehen. Als Beispiele nenne ich zunächst die Gotteserscheinungen, die Abraham geschenkt wurden, insbesondere die Begegnung mit Melchisedek im Tal Schawe (1. Mose 14,17-20 mit Ps. 110,4 und Hebr. 7,1-3) und mit dem Herrn bei der Terebinthe Mamres (1. Mose 18,1). Ferner die anderen Begegnungen mit Gott, die die Erzväter oder Mose oder die Propheten hatten, soweit es sich um *Visionen* (Geschautes), nicht nur um Auditionen (Gehörtes), gehandelt hat. Da niemand Gott, den Vater, je gesehen hat (Joh. 1,18; 5,37), haben alle diese sichtbaren Begegnungen sich mit Gott, dem Sohn, ereignet. Jesus selbst deutet darauf hin, wenn er sagt: „Ihr durchforscht die Schriften, weil ihr meint, in ihnen ewiges Leben zu haben; und diese sind es doch, die von *mir* zeugen" (Joh. 5,39). Schließlich gehören die Erscheinungen des Auferstandenen dazu. In ihnen wird der für uns unsichtbare Auferstehungsleib Jesu, der ja nicht aus materieller, sondern aus geistlicher Stofflichkeit besteht, sichtbar gemacht (vgl. die Ausführungen in Kapitel 6), d.h. erhält die Merkmale der

sichtbaren, gegenständlichen Welt (vgl. Luk. 24,37-39; Joh. 20,20.27).

In diesem Zusammenhang weise ich auf eine der schönsten Schriftstellen hin, in denen Gott sich zur Dreieinigkeit bekennt: „Ich bin das A und das O, der Anfang und das Ende, spricht Gott der Herr, der da ist und der da war und der da kommt, der Allmächtige" (Offb. 1,8). Der Gott, der da ist, ist *Jahwe,* wie er sich Mose offenbart hat, zugleich *der Gott Abrahams, Isaaks und Jakobs* (2. Mose 3,14-15). Aber der Gott, der da war, ist *Jesus, der Sohn,* und der Gott, der da kommt, ebenfalls. Und *auch Jesus* sagt von sich: „Ich bin der Erste und der Letzte und der Lebendige" (Offb. 1,17). Von dem, was anschließend in den Sendschreiben durch Jesus verkündet wird, heißt es: „Wer Ohren hat, der höre, was *der Geist* den Gemeinden sagt (Offb. 3,22). So wird auch hier deutlich die Dreieinigkeit Gottes bezeugt.

3. Bei der entscheidenden Menschwerdung aber, der Erniedrigung und der Selbstentäußerung um unserer Rettung willen, ist Gott einen anderen Weg gegangen. Er nahm nicht wie zuvor unmittelbar „vom Himmel auf die Erde herabsteigend", d.h. aus dem Unsichtbaren ins Sichtbare kommend, Menschengestalt an, sondern ging den Umweg über Zeugung und Geburt. Um uns Menschen zu erlösen, kam er in diese Welt auf dem gleichen Wege wie wir. Dazu sprach er sein lebenspendendes Wort in den Schoß der Jungfrau Maria hinein, schuf so das befruchtete Ei, aus dem Jesus geboren wurde, und *blieb bei alledem der eine Gott im Unsichtbaren.*

Otto Riethmüller übersetzt einen altkirchlichen Hymnus von Thomas von Aquin: „Das Wort geht von dem Vater aus und bleibt doch ewiglich zu Haus" (EKG 161). Und Karl Barth formuliert (vgl. Kapitel 4): „Gott wird und ist, ohne aufzuhören Gott zu sein, zugleich Mensch" – ein Geheimnis, vor dem wir mit unserem unzureichenden Erkennen nur anbetend stille werden können. Er ging diesen Weg, um das sündlose, fehllose Lamm zu werden, das sich am Kreuz von Golgatha als Sühnopfer für uns in den Tod gab.

4. Schließlich nehme man in die Meditation hinein das Zeugnis von Johannes: „Im Anfang war das Wort, und das Wort war bei Gott, und Gott war das Wort" (Joh. 1, 1) und auch: „Gott ist Geist, und die ihn anbeten, die müssen ihn im Geist und in der Wahrheit anbeten" (Joh. 4, 24). Dies beides legt nahe, von jeder Gestalthaftigkeit im Unsichtbaren abzusehen und die Einheit Gottes dort als eine Einheit aus Wille, Wort und Gedanke zu verstehen. Offenbart sich Gott als Wille in das Sichtbare, so erfahren wir ihn als den Vater, offenbart er sich als Wort, so erfahren wir ihn als den Sohn, offenbart er sich als Gedanke, so erfahren wir ihn als den Heiligen Geist. Damit ist die geläufige Aussage, daß Jesus das fleischgewordene Wort Gottes sei, in eine umfassende Gleichnisaussage eingeordnet.

Im Unsichtbaren immer der Eine, in seinem Wort sich selbst in die Mehrzahl setzend und doch in der Einzahl handelnd (1. Mose 1, 1; 1, 28), mehrfach als der Sohn in das Sichtbare kommend und doch im Unsichtbaren unverändert derselbe bleibend, in Jesus von Nazareth Mensch geboren, auf dieser Erde wandelnd und doch immer eins mit dem Vater im Himmel – Dreieiniger Gott und Herr, das Geheimnis ist groß! Laßt uns anbetend daran glauben und darauf vertrauen und einmal „erkennen die das Erkennen übersteigende Liebe Christi, auf daß wir erfüllt werden zu der ganzen Fülle Gottes" (Eph. 3, 19)!

Anmerkungen

1 W. Stählin, Auch darin hat die Bibel recht, Evgl. Verlagswerk, Stuttgart 1964, S. 33.

2 Weiteres hierüber in H. Rohrbach, Naturwissenschaft, Weltbild, Glaube, R. Brockhaus Verlag, Wuppertal 1986, 12. Aufl., S. 145 ff.

3 Wenn Paulus schreibt: „Ihr seid Kinder des Lichts und Kinder des Tages" (1. Thess. 5,5) oder Jesus sagt: „Ich muß wirken ..., solange es Tag ist" (Joh. 9,4), so ist damit die Zeit der Gnade angesprochen, die bis zur Wiederkunft Jesu reicht. Weitere Beispiele finden sich leicht. Aus all diesen Gegebenheiten hat man zu beachten, daß das hebräische Wort *jom* für Tag diesen Unterschieden bereits Rechnung trägt: Es kann sowohl einen 24-Stunden-Tag wie einen Zeitraum unbestimmter Dauer bedeuten. Deshalb ist es zulässig, die „Tage" im Schöpfungsbericht als Zeitabschnitte aufzufassen.

4 K. Barth, Credo, München 1935, 3. Aufl., S. 59 bzw. S. 60/61.

5 Vgl. auch H.H. Schrey, Weltbild und Glaube im 20. Jahrhundert, Göttingen 1956, Kap. III.

6 Q.S.F. Tertullianus, Apologeticum, übersetzt von C. Becker, 22,7; 22,9 und 47,11. Vgl. auch O. Rodenberg, Der Sohn, R. Brockhaus Verlag, Wuppertal 1963, S. 25-29.

7 Vgl. E. Norden, Die Geburt des Kindes, Berlin 1924, Nachdruck Darmstadt 1958.

8 M. Basilea Schlink, Maria, der Weg der Mutter des Herrn, Verlag Evangelische Marienschwesternschaft, Darmstadt 1960.

9 Zitiert nach: Schmolze, Ein Dichter nach dem „Herzen Gottes", Schriftenmissions-Verlag, Neukirchen-Vluyn 1962, S. 476.

10 Entnommen aus: F.E. Peters, Blaise Pascal, Johann Trautmann Verlag, Hamburg 1947, S. 100/101.

11 Vgl. zu diesem Abschnitt H.U. Instinsky, Das Jahr der Geburt Christi, Kösel Verlag, München 1957. Ferner: Th. Corbishley, Klio 29 (1936).

12 L. Pareti, P. Brezzi, L. Petech, History of Mankind, London 1965, Vol. 2, Part 3 (The ancient world), p. 848.

13 F. von Oefele, Die Angaben der Berliner Planetentafel P 8279

verglichen mit der Geburtsgeschichte Christi im Bericht des Matthäus, Mitteilungen der Vorderasiatischen Gesellschaft 8 (1903), 39 bis 83 (Heft 3).

14 O. Gerhardt, Der Stern des Messias, Leipzig-Erlangen 1922.

15 O. Gerhardt, a.a.O., S. 9.

16 Die Saturn-Jupiter-Konjunktion in den Fischen war sogar mehr als 900 Jahre lang nicht wiedergekehrt.

17 Vgl. zu den Abschnitten 5.2 und 5.3 auch Karl Barth, a.a.O., S. 66 ff.

18 H. Rohrbach, Unsichtbare Mächte und die Macht Jesu, 2. Aufl., R. Brockhaus Verlag, Wuppertal 1986, S. 34 ff.

19 K. Bürgener, Die Auferstehung Jesu Christi von den Toten, 3. Aufl. 1976. Selbstverlag: Am Sodenmatt 28, 2800 Bremen 66.

20 Zum Alter der Erde vgl. die Ausführungen in Kapitel 3.

21 Vgl. hierzu Bekenntnisse der Kirche, Theologischer Verlag R. Brockhaus, Wuppertal 1970, S. 28-29.

22 Vgl. dazu die Ausführungen in Kapitel 8.

Tatsachenberichte von Herbert Fuchs

Herbert Fuchs
Nur einer kann helfen
160 Seiten. ABCteam-Taschenbuch. 8. Auflage

Herbert Fuchs erzählt aus seinem Leben. Aber er tut es nicht im Sinne einer Biographie. Er berichtet in erster Linie davon, was Christus in außergewöhnlichen Situationen an Menschen getan hat, denen er begegnet ist. Da sind in der Vorkriegszeit die Auseinandersetzungen zwischen Kommunisten und Nationalsozialisten in seiner Gemeinde, da ist das seelsorgerliche Ringen um die Wahrsagerin Adolf Hitlers, da begegnen wir einfachen Menschen, die Erstaunliches mit Gott erleben, da wird von kleinen Alltagserlebnissen erzählt, wo Herbert Fuchs Hilfe erfahren hat.

Er hält nichts von Resignation und Verzagtheit. Sein Buch – frisch und munter geschrieben – hat schon viele ermutigt, die eher dazu neigten, angesichts von Schwierigkeiten aufzugeben: Einer kann helfen.

„Es ist erstaunlich, was der Verfasser zu berichten weiß, wie von Süchten und Leidenschaften hart gebundene Menschen frei werden konnten, nachdem ihnen das Angebot der Liebe Gottes nahegebracht worden war."   Adolf Köberle

„Was Herbert Fuchs berichtet, ist wahr. Ihm ist wirklich widerfahren, was und wie er es darstellt. Das darf ich aufgrund jahrzehntelanger Freundschaft bezeugen. Und ich tue es als einer, der ihn auf seinen oft sehr schweren Wegen ein Stück begleitet und mit ihm zusammengearbeitet hat."
                                    Hans Rohrbach

BRUNNEN VERLAG UND
BRUNNQUELL VERLAG GIESSEN